영성에의 길

IVP(InterVarsity Press)는
캠퍼스와 세상 속의 하나님 나라 운동을 지향하는
IVF(InterVarsity Christian Fellowship)의 출판부로
생각하는 그리스도인을 위한 문서 운동을 실천합니다.

Copyright © Henri J. M. Nouwen
Originally published in English under the title
Finding My Way Home by The Crossroad Publishing Company, Inc.,
1 Blue Hill Plaza, Lobby Level, Suite 1509 Pearl River, NY 10965, U. S. A.
All rights reserved.

Used and translated by the permission of The Crossroad Publishing Company, Inc.
through rMaeng2, Seoul, Republic of Korea.

This Korean Edition © 1996, 2002, 2024 by Korea Inter-Varsity Press, Seoul,
Republic of Korea.

이 한국어판의 저작권은 알맹2를 통하여
The Crossroad Publishing Company, Inc.와 독점 계약한 IVP에 있습니다.
신 저작권법에 의하여 한국 내에서 보호받는 저작물이므로
무단 전재와 무단 복제를 금합니다.

영성에의 길

능력의 길 | 평안의 길 | 기다림의 길 | 삶과 죽음의 길

헨리 나우웬 | 김명희 옮김

Ivp

차례

서언	7
서문	11
감사의 글	17
능력의 길	21
평안의 길	45
기다림의 길	73
삶과 죽음의 길	99

일러두기
◦ 이 책에 인용한 성경 구절은 특별한 표기가 없는 경우 새번역을 기본으로 삼았습니다.

서언

나는 리치몬드힐에 있는 라르쉬 데이브레이크 공동체와 함께 엿새 동안 환상적인 날들을 보낸 후 최근에 토론토에서 돌아왔다. 그곳은 헨리 나우웬이 생애 마지막 10년을 보낸 곳이다. 그것은 정말 내게 힘을 주는 방문이었다!

그러나 뉴욕으로 돌아오는 길은 너무나 절망적이었다. 러과디아 공항은 뉴욕행 비행기의 이륙을 금지하고 있었다. 결국 많은 비행기들이 연착되었고, 수백 명의 승객이 오도 가도 못하게 되었다. 다행히 우리는 항공 교통이 덜 혼잡한 뉴어크로 가는 비행기를 탈 수 있었지만, 그 경험은 온통 내게 좌절감을 안겨 주었다. 나는 그날 밤 '집으로 가는 길을 찾아'(find my way home) 제때에 캘리포니아로 갈 수 있었다.

헨리 나우웬은 이 책에서 아주 다양한 방식으로 '여행'에 대해 이야기한다.

우리의 영적인 여정은, 우리로 하여금 기도, 예배, 영적 독서, 영적 멘토링 중에, 가난한 이들을 긍휼히 여기는 섬김 중에 그리고 좋은 친구들 가운데서 이 살아 계신 사랑의 하나님을 구하고 발견하도록 한다. 우리가 사랑받고 있다는 진리를 주장하자. 또한 우리 마음을 열어 우리에게 쏟아부으시는 하나님의 넘치는 사랑을 받아들이자.

이는 매우 단순한 것처럼 들린다! 우리의 여정은 오직 하나님만이 주실 수 있는 완전한 사랑을 발견해 가는 여행이다.

그런데 우리가 어떻게 이 여정에 변함없이 신실할 수 있을까? 영적인 여정에서 생기는 좌절감은 내가 토론토 공항에서 느꼈던 좌절감과 유사하다. 영적인 여정에서 장애물을 만날 때 우리는 어떻게 해야 하는가? 기다림이 우리를 불안하게 하고 화나게 할 때 어떻게 해야 하는가? 나우웬은 이렇게 쓴다. "…기다림이란 우리가 현재 있는 곳과 우리가 있고 싶어 하는 곳 사이에 있는 메마른 사막이다." 그는 우리에게 기다림을 두 가지 관점에서 바라보라고 격려한다. 하나님**에 대한** 기다림과 하나님**의** 기다림. 우리들 대부분은 첫 번째 관점에 대해서 좀 더 많이 생각한다. 그러나 우리를 기다리시며 간절히 바라시는 하나님에 대한 인식이 자라감에 따라, 우리는 가장 깊은 사랑인 하나님의 사랑을 발견해 간다.

헨리 나우웬은 나와 세계 전역에 흩어져 있는 수많은 사람들의 길동무다. 하지만 헨리에게 그리고 우리에게는 예수님이 우리의 으뜸가는 인도자가 되신다. "우리는 하나님의 눈으로 우리의 깨어짐, 유한함, 상처, 연약함의 경험들을 바라보고 싶다. 그러한 시각이 이 땅을 여행하는 안전한 방법을 제공하기를 소망하며 예수님이 우리에게 가르치신 방식대로 그것들을 바라보고 싶다." 헨리가 말한 대로 팔복은 예수님의 자화상이긴 하지만, 우리들 대부분을 묘사하는 말은 될 수 없다.

나우웬의 하향성 신학은 분명 우리 사회에서 인기 있는 것이 아니다. 우리의 가치가 보통 성공, 명성, 영향력에 의해 결정되는 우리 사회에서는 말이다. 올림픽 참가 선수에게 메달을 하나도 따지 못한 선수가 금메달을 딴 선수만큼 훌륭하다고 해 보라! 이 책에서 우리는 다음과 같은 내용을 발견한다. "당신이 이겨서 상을 받을 때, 누군가는 패배했음을 알고 있다. 그러나 하나님의 마음에서는 그렇지 않다. 당신이 하나님의 마음에서 선택받았다면, 당신에게는 다른 사람들도 선택받았음을 바라보는 눈이 있다."

나우웬은, 이 땅에서 보내는 시간은 아주 짧지만 우리는 태어나기 전부터 하나님의 사랑을 받았고, 죽은 후에도 하나님의 사랑을 받을 것이라는 사실을 우리에게 상기시킨다. 나우웬은 이렇게 쓴다. "이 짧은 일생은 내가 사랑을 받고, 사랑을 깊게 하고, 사랑 가운데 자라나고, 사랑을 줄 수 있는 기회다." 이 책에서 우리는 하나님의 '능력'이란 세상적인 성공과 관련된 것이 아니라, '변화시키는 사랑의 능력'과 풍성한 열매 맺음과 관련된 것임을 발견한다. 사랑의 능력에 대한 이해가 깊어질 때, 우리는 두려움으로부터 더 자유로워진다. 본향으로 가는 우리의 최후의 여행은 '이 세상을 떠나 하나님과의 온전한 사귐을 향해 가는 출애굽'이 된다.

헨리 나우웬은 풍성한 유산을 남긴 채 4년 전 본향을 향한 마지막 여행을 떠났다. 그는 눈과 마음을 예수님께 고정하고 살았으며, 예수님처럼 신실하게, 열정적으로 그리고 진실함으로 살았고, 죽음을 통해 자신의 삶이 풍성한 열매를 맺도록 했다. 이 놀라운 책은 우리 또한 본향을 향한 길을 찾아갈 때 확신 가운데 그와 같은 길을 걸어가도록 우리를 격려한다.

웬디 윌슨 그리어(Wendy Wilson Greer)
헨리 나우웬 협회장(President, Henri Nouwen Society)

서문

한 노숙자가 거리에서 돈을 요구하며 우리에게 말을 걸어왔을 때, 나는 서둘러 지나가려 했지만 헨리는 늘 하던 식으로 멈춰 섰다. 그는 주머니에서 그에게 줄 돈을 찾았을 뿐 아니라 그 사람에게 말을 걸고 질문을 하고 이야기를 들어 주었다. 그는 곤경에 빠진 사람들을 볼 때 그들을 뿌리치지 않았으며, 꽤 거칠어 보이는 노숙자들도 전혀 두려워하지 않는 것처럼 보였다. 오히려 그는 각 사람들이 들려주는 이야기에 감동을 받았고, 성찬식 때 종종 그 사람의 이름을 기억했다. 나는 건너편을 바라보면서 [이런 사람들에 대한] 우리 사회의 반응을 택했고, 더 이상 그 노숙자에게 시선을 두지 않았다. 그러나 헨리는 멈춰섰다. 그는 '집'을 향한 자신의 갈망을 깊이 인식하고 있었기 때문에 집 없는 이들과 유사한 감정을 느꼈다.

  이 책에서 헨리는 오늘날 집 없는 우리들의 공통적인 모습과 진정한 가정에 소속하고자 하는 보편적인 갈망에 대해 이야기하고 있다. 1995년 크로스로드 출판사를 통해 처음 출간된 "능력의 길", "평안의 길", "기다림의 길"이란 세 글이, 이 책에서 미출간 자료였던 "삶과 죽음의 길"이라는 새로운 글과 합쳐졌다.

나는 "능력의 길"을 처음 읽었을 때 얼마나 감동을 받았는지를 기억한다. 헨리는 자신의 독특한 방식, 세 가지 요점을 드는 접근 방식을 사용한다. 그러나 이 경우에 그는 같은 단어에 대해 두 가지 매우 다른 묘사를 하고자 동일한 요점을 두 번 선택하고 있다! 그는 '권력'(Power)이라는 제목 아래 경제적·정치적 권력의 파괴성과, 특히 더욱 나쁜 것이라 할 수 있는 종교적 권력의 남용에 대해 개관한다. 그것은 정곡을 찌른다. '무력함'(Powerlessness)이라는 두 번째 제목 아래에서는, 반대 극단으로 나아가 예수님의 몸을 입으신 우리 하나님이 하나님과의 친밀한 삶으로 우리를 초대하시기 위해 하향성의 삶을 선택하신 것에 대해 기술한다. 그리고 나서 헨리는 '능력'(Power)이라는 단어를 다시 선택하여 세 번째 단락의 제목으로 삼고, 우리 안에 창조성, 리더십, 그리고 하나님 나라를 향한 새로운 주도권을 생성하는 사랑의 능력으로서의 하나님 능력을 훌륭하게 그려 낸다. 팔복에 그려진 예수님의 초상과 관련된 이 '두 번째' 능력은 우리가 주장하고 행사해야 할 능력이다. 집을 향한 영적인 여정에서는 바로 우리의 연약함이 능력이다.

"평안의 길"에서 헨리는 라르쉬 데이브레이크 공동체에서 자신의 친구이자 멘토인 아담으로부터 배웠던 지혜를 나눈다. 헨리는 이전에는 결코 경험해 본 적이 없던 일을 아담과 함께 했다. 이 경험은 헨리로 하여금 아담이 가진 평안의 원천에 대해 탐구하는 계기가 되었다. 아담의 평안에 감동받은 헨리는 또한 아담의 마음에서 흘러나온 평안이 주위에 있는 다른 사람들의 마음에 이르는 것을 보았다. 아담은 단순히 존재 자체, 말없이 다른 사람과 함께 거하는 것, 정신보다는 관계에 근거해 있는 것, 서로 의존하는 것에 대한 두려움이 없는 상태가 갖는 놀라운 아름다움을 보여 주며 헨리에게 감동을 준 특별한 선생이었다. 헨리의 조용한 안내자 아담은 우리를 평안의 깊은 샘으로 인도한다.

"기다림의 길"은 미지의 세계에 대한 깊은 두려움과 가능한 한 그것을 통제하려는 우리의 욕구를 드러낸다. 이것은 일찍이 [예수님의] 탄생 이야기에 나오는 사가랴와 엘리사벳과는 대조적이다. 그들은 노년에 자신들에게 주어질 아이를 소망하며 기다렸던 이들이다. 예수님의 어머니 마리아, 오랫동안 성전에서 살았던 시므온은 하나님의 언약이 온전히 계시되기를 기다렸던 이들이다. 헨리는 우리의 모든 기다림을 하나님에 대한 기다림으로 본다. 그러나 그는 또한 우리에 대한 하나님의 기다림을 가르쳐 준다. 헨리에게 기다림이란 고통스럽거나 수동적인 경험이 아니라 살아 있고 능동적임을 온전히 느끼는 기회다. 우리는 그 순간에 거함으로써, 혼자가 아니라 함께 기다림으로써, 우리의 소원을 소망으로 바꿈으로써 '기대 가운데 인내하며 기다리는' 법을 배운다.

"삶과 죽음의 길"은 헨리가 시카고에서 열린 국제 가톨릭 에이즈 집회 때 했던 연설과 「크로스포인트」(Crosspoint)지와의 인터뷰 내용에서 발췌한 것이다. 나는 자료를 수집하면서 우리를 향한 헨리의 절박한 호소로 인해 무척 놀랐다. 그것은 하나님의 사랑받는 자녀라는 우리의 진정한 정체성을 믿고 받아들이라는 것이었다. 그는 예수님이 세례 받으실 때 "너는 내 사랑하는 아들이다. 내 은총이 네게 머물리라"는 말씀을 듣고 믿으셨음을 거듭 말한다. 헨리는 우리에게 삶의 진리를 알고 받아들이기 위해서는 마음속에서 들려오는 동일한 말씀에 귀 기울여야 한다고 촉구하고 있다. 하나님의 사랑받는 자녀로서 세상에서 살아가는 것은 그저 세상에서 살아가는 것과는 다른 것이기 때문이다. 헨리는 독자들로 하여금 성공보다는 열매 맺기를 꿈꾸도록 친절히 안내한다. 열매 맺는 것은 성공을 넘어서는 것이요, 약함이나 쇠함을 넘어서는 것이요, 심지어 죽음 자체를 넘어서는 것이기 때문이다.

"삶과 죽음의 길"은 헨리가 쓴 글에서 나온 것이 아니기 때문에 나는 편집자로서 좀 더 일관성 있는 글을 위해 약간의 수정을 가했음을 고백한다. 그 과정에서 나는 헨리가 쓴 다른 글들을 읽었을 뿐만 아니라 그 글들에 근거해서 수정했다. 나는 이 글이 헨리의 사상에 바탕을 둔 것임을 믿는다.

이 책은 영적인 여정을 격려하기 위한 것이다. 이 제목(원서는 *Finding My Way Home*이다 – 옮긴이)은 우리로 계속해서 의미와 신실함을 추구하는 삶을 살도록 하는 실제적 대안을 설명해 줄 뿐만 아니라, 미완성된 자아를 추구하는 삶으로 인도하는 힘이 있다. 이 글을 읽음으로써 우리는 헨리가 "집으로 가는 길에서 집을 찾는 것"(finding home on the way home)이라고 말한 바를 경험하게 될 것이다.

수 모스텔러(Sue Mosteller)
유작 관리인

감사의 글

이 책은 크로스로드 출판사의 그웬돌린 헤르더(Gwendolin Herder)의 기획에 힘입은 바가 크다. 그녀는 단순히 『능력의 길』, 『평안의 길』, 『기다림의 길』이라는 소책자들로 두는 대신 이 책들을 개정하여 생명과 성령에 대한 한 권의 책으로 묶어야 한다고 생각했다(한국 IVP에서는 1996년 초판 출간 당시 이 소책자들을 "영성에의 길"이란 제목 아래 합본으로 출간했다―편집자). 각각의 글들이 서로를 보강해 주었고, 응집력 있는 영성에 관한 책이 되었다. 그웬돌린의 창의적인 발상에 감사한다.

팀 존스(Tim Jones)는 개인적인 사역 계획 때문에 조사차 유작 센터에 갔지만, 내가 영성의 길에 대한 새로운 미출간 자료가 하나 더 필요하다고 말하자 기꺼이 나를 도와주었다. 그는 좋은 자료들을 찾아 주었을 뿐 아니라 그것이 어떻게 다른 길들을 보완할 수 있을지에 대한 제안도 해 주었다. 그의 노고와

열정에 대해 깊이 감사한다.

케이시 크리스티(Kathy Christie)는 헨리가 임종하기 전의 마지막 4년 동안 그의 행정 비서로 일했다. 헨리의 생애의 여러 측면과 그의 출판물을 놀라운 사랑과 숙련된 솜씨로 잘 정리했던 그녀는 헨리의 갑작스런 죽음에 많은 충격을 받았다. 그러나 헨리가 죽었을 때도 그녀는 자리를 비우지 않고 책상을 지키면서 사람들에게 전화를 걸어 그들을 위로하며 그들의 이야기를 들어 주었다. 헨리가 죽은 이후 그녀는 나를 반가이 맞아 주었고, 우리는 함께 헨리 나우웬 유작 센터(Henri Nouwen Literary Centre)를 발족시켰다. 이 책이 출판되기까지 우리는 놀랍고 풍성한 4년을 거기서 함께 보냈다. 케이시는 자료들을 타이핑하고 재타이핑하는 것은 물론, 내가 개정한 것을 읽고 지혜롭고 유용한 의견을 제안하면서 이 책의 준비를 도왔다. 케이시는 인생의 목표 의식이 명확하고 긍휼을 베풀며 인생의 길을 걷고 있는 산 모델이다. 그녀의 사랑, 지원, 수고, 보살핌은 매우 귀중한 것이었다.

현재 헨리 나우웬 유작 센터를 관리하는 모린 라이트(Maureen Wright) 역시 이 책을 위해 타이핑과 재타이핑을 해 주었다. 그뿐 아니라 그녀 역시 "삶과 죽음의 길"을 위해 내가 자료들을 편집하는 데 중요한 의견을 제시해 주었다. 그녀의 수고와 지원에 깊은 감사를 표한다.

크로스로드 출판사의 폴 맥마흔(Paul McMahon)은 이 책의 출판을 위해 나와 함께 수고했다. 우리가 함께 나눈 협의 내용은 내게 많은 도움이 되었다. 또한 그는 내가 마감일을 지키기 어려웠을 때 아주 친절하게도 마감일을 연장시켜 주었다.

나는 각각의 사람들에게 깊이 감사하며, 특히 나를 격려해 준 글들을 써 준 헨리에게 감사한다.

수 모스텔러

능력의 길

비행기 안에 앉아서 강, 호수, 산으로 이어지는 드넓은 풍경을 내려다볼 때, 또 땅 위로 펼쳐진 굽이치는 길과 작은 마을들을 볼 때면, 나는 사람들이 평화롭게 공존하는 것이 왜 그리도 힘든지 의아해진다. 우주선에서 우리의 푸른 별을 바라보는 우주 비행사들은 그 아름다움에 압도되어, 그 별에 사는 사람들이 자신의 가정을 파괴하기에 바쁘고, 전쟁과 착취를 통해 서로를 죽이느라 정신이 없다는 사실을 믿을 수 없을 것이다. 멀리 떨어져 있는 것이 때로는 우리 인간의 상황을 좀 더 정확하게 바라보도록 할 뿐 아니라 아주 좋은 중요한 질문들을 제기하는 데 도움을 준다!

나 역시 우리 세상을 멀리서 바라보고 싶다. 비행기나 우주선을 이용한 물리적 거리가 아니라, 신앙에 입각한 영적인 거리를 두고 바라보고 싶다. 나는 위로부터, 하나님의 눈으로 우리 인간을 바라보고 싶다. 예수님은 늘 위에서 인간의 상황을 바라보셨고, 우리도 주님처럼 바라보기를 가르치려 노력하셨다. 그분은 말씀하셨다. "나는 위로부터 왔다. 너희도 새로운 눈으로 볼 수 있도록 위로부터 거듭나기를 원한다."

이것이 신학이라는 것이다. 그것은 하나님의 시각으로 실재를 바라보는 것이다. 바라보아야 할 것이 너무나 많다. 땅과 하늘, 태양과 달과 별들, 여자와 남자와 아이들, 대륙, 나라, 도시와 마을, 과거·현재·미래의 수없이 많고 아주 특별한 문제들이 그것이다. 이 때문에 그렇게도 많은 '신학들'이 존재한다. 성경은 우리로 하여금 이 다양한 모든 것을 하나님의 시각으로 볼 수 있도록 도와주고, 따라서 살아갈 방법을 분별하도록 도와준다. 능력의 길은 실로 연약함의 신학이다. 우리는 하나님의 눈으로 우리의 깨어짐, 유한함, 상처, 연약함을 바라보고 싶다. 그러한 시각이 이 땅을 여행하는 가장 안전한 방법을 제공하기를 소망하며 예수님이 우리에게 가르치신 방식대로 그것들을 바라보고 싶다. 나는 세 단어 즉 '권력'(power), '무력함'(powerlessness), '능력'(power)에 초점을 맞출 것이다. 나는 먼저 억압하고 파괴하는 권력을 연구하고 싶다. 그런 다음 그 권력이 무력함을 통하여 어떻게 무너지는지를 보여 주고, 마지막으로 해방하고 화해시키며 치유하는 진정한 능력을 선포하고 싶다.

권력

하나님은 틀림없이 우리 세상을 바라보시며 울고 계실 것이다. 권력을 향한 강렬한 욕망이 인간의 영혼을 함정에 빠뜨리고 부패시키고 있기 때문에 하나님은 분명 울고 계실 것이다. 우리는 텔레비전 뉴스에서 또 심지어 우리 가족과 우리 자신에게서, 감사 대신 원한이, 용서 대신 복수가, 치유 대신 상처가, 긍

홀 대신 경쟁이, 협력 대신 폭력이, 사랑 대신 끝없는 두려움이 있음을 본다.

하나님은 우리의 아름다운 별에서, 수천 명의 부상자들이 전쟁터에 누워 있는 모습, 외로운 아이들이 큰 도시의 거리를 방황하는 모습, 쇠창살과 두꺼운 벽 안에 갇힌 죄수들의 모습, 정신병을 앓고 있는 사람들이 대형 시설에서 시간을 허비하고 있는 모습, 수백만의 사람들이 굶주림과 무시당함으로 죽어 가는 모습을 보시고 울고 계심에 틀림없다. 하나님은 우리가 우리의 운명을 스스로의 손에 거머쥐고 그것을 다른 사람 앞에서 자랑함으로써 자초한 고통과 번민을 아시기 때문에 울고 계시리라.

우리가 하나님의 시각으로 우리 주변과 내부를 들여다볼 때, 권력에 대한 욕망이 팽배해 있음을 발견하는 것은 어려운 일이 아니다. 왜 세르비아인들과 무슬림들은 서로를 죽이고 있는가? 왜 개신교와 가톨릭은 서로에게 폭탄을 던지는가? 왜 대통령이 암살을 당하고, 수상이 납치를 당하고, 정치 지도자들이 자살을 하는가?

우리 자신의 내면을 들여다보자! 우리는 끊임없이 우리가 주목받고 있는지 아닌지, 인정받고 있는지 아닌지, 보상을 받고 있는지 아닌지에 신경을 쓰고 있지 않은가? 우리는 항상 우리 곁에 있는 사람보다 우리가 좀 더 나은지 못한지, 그리고 좀 더

강한지 약한지, 좀 더 빠른지 느린지에 대해 우리 자신에게 확인하고 있지 않은가? 우리는 초등학교 시절부터 우리의 동료들 대부분을, 성공, 영향력, 명성을 향한 경주의 라이벌로 인식하고 있지 않은가? 그리고 또…우리는 우리 자신이 누구인지에 대해 불안한 나머지, 우리가 누구이며 무엇을 하며 어디로 가는지에 대해 조금이라도 통제할 수 있다면 어떤 형태의 권력이라도 붙잡으려고 하지 않는가?

우리가 기꺼이 하나님의 시각으로 이 모든 것을 바라보고자 한다면, 보스니아, 남아프리카, 아일랜드 또는 로스앤젤레스에서 일어난 일이 우리 자신의 마음속에서 일어난 일과 크게 다르지 않다는 사실을 바로 알게 될 것이다. 우리는 우리의 안전이 위협을 받으면 조금도 주저하지 않고, 옆에 있는 막대기나 총을 움켜쥔다. 그러고는 우리의 생존은 정말 중요한 것이라고 말한다. 다른 수천 명의 사람들이 그들의 생존을 지키지 못하게 되더라도 말이다.

나는 나의 막대기와 총을 알고 있다. 때로 나보다 영향력이 많은 친구가 나의 막대기와 총이 된다. 때로는 돈이나 학위이고, 때로는 다른 사람이 갖지 못한 사소한 재능이고, 때로는 특별한 지식이나 숨겨진 기억이며, 차갑게 노려보는 것까지도…. 그리고 나는 통제하는 데 필요하다면, 별다른 주저함 없이 재빨리 그것을 움켜쥔다. 나는 그 사실을 온전히 인식하기도 전에 내 친구들을 밀쳐 내버린다. 아마도 그 과정에서 나는 그들에게 상처를 줄 것이다.

하나님은 우리를 보고 울고 계신다. 우리가 자아 정체성을 찾기 위해 권력을 사용하는 곳이라면 어디에서나, 우리는 하나님으로부터 그리고 서로에게서 분리되고, 우리의 삶은 **악마적으로**[diabolic: 이 단어의 문자적 의미는 '분열시키는'(divisive)이다] 되기 때문이다.

그러나 경제적·정치적 권력보다 더 나쁜 것이 있다. 그것은 종교적 권력이다. 하나님은 이 세상을 바라보실 때 우실 뿐 아니라 분노하실 것이다. 기도하고, 찬양을 드리고, 하나님을 "주여, 주여!"라고 부르는 수많은 사람들 역시 권력에 오염되어 있기 때문이다. 하나님은 분노 가운데서 말씀하신다. "이 백성이 입으로는 나를 가까이하고, 입술로는 나를 영화롭게 하지만, 그 마음으로는 나를 멀리하고 있다. 그들이 나를 경외한다는 말은, 다만, 들은 말을 흉내 내는 것뿐이다"(사 29:13).

가장 교활하고, 분열을 일으키며, 상처를 주는 권력은 하나님을 섬기는 가운데 사용되는 권력이다. 나는 '종교 때문에 상처 받은' 수많은 사람들로 인해 당황하게 된다. 목사나 신부의 불친절하고 정죄하는 듯한 한마디, 어느 특정한 생활 방식에 대한 교회의 비판적인 언사, 식탁에서 사람들을 환대하지 않는 태도, 질병이나 죽음을 앞둔 이들을 방치한 일, 그리고 그 외의 수많은 상처들이 세상에서 받은 상처보다 오히려 더 기억에 오래 남는 경우가 있다. 별거 중이거나 이혼한 수천 명의 남녀들, 헤아릴 수 없이 많은 동성애자들, 그리고 형제자매들이 예배하는 처소에서 환영받지 못한다고 느끼는 모든 노숙자들이 하나님으로부터 등을 돌리고 있다. 사랑의 표현을 기대했을 때, 권력이 사용되는 것을 경험했기 때문이다.

십자군, 유대인 학살, 인종 차별 정책 그리고 오늘날까지도 이어지는 오랜 종교 전쟁의 역사를 생각할 때, 하나님의 사람들 수중에 있는 권력의 파괴적인 영향력이 아주 분명하게 드러난다. 그럼에도 불구하고 수많은 현대의 종교 운동이, 반복되는 이러한 거대한 비극을 위한 비옥한 토양을 만들어 주고 있다는 사실을 깨닫기는 다소 어려운 것 같다.

경제적·정치적 불확실성이 두드러진 이 시대에 가장 큰 유혹 가운데 하나는, 우리의 신앙을 다른 사람 위에 군림하는 권력 행사의 수단으로 사용하는 것이다. 그래서 하나님의 명령을 인간의 명령으로 대체하는 것이다.

왜 그렇게 많은 사람들이 막연하게나마 종교와 관련되어 있는 것들을 혐오하며 등을 돌려 버리는지를 이해하기는 어렵지 않다. 복음을 선포하는 데 권력이 사용될 때, 좋은 소식은 금세 나쁜, 아주 나쁜 소식으로 바뀌고 만다. 나는 이것이 하나님을 화나게 한다고 생각한다.

그러나 하나님은 우리의 세상을 슬프고 화난 눈으로만 보시는 것이 아니다. 하나님의 자비는 하나님의 슬픔이나 분노보다 훨씬 크다. 시편 기자의 표현처럼 말이다. "…진노는 잠깐이요…"(시 30:5). 하나님은 모든 것을 포용하는 자비 가운데서 무력함—하나님 자신의 무력함—을 통하여 악의 권력을 없애기로 선택하셨다.

무력함

세상을 지배하고 사람들과 그들의 땅을 파괴하는 악마적인 권력에 대한 하나님의 반응은 과거에는 어떠하였고 또 현재는 어떠한가? 이 물음에 대한 답은 심오하고도 완전한 신비다. 왜냐하면 하나님이 스스로 무력함을 선택하셨기 때문이다. 하나님은 철저히 연약한 모습으로 인간의 역사 속으로 들어오기로 선택하셨다. 이러한 하나님의 선택이 기독교 신앙의 핵심이다. 권력의 환상을 폭로하시기 위해, 세상을 지배하는 어둠의 왕자를 물리치시기 위해, 그리고 분열된 인류에게 새로운 하나 됨을 가져다주시기 위해 무력한 하나님은 나사렛 예수의 모습으로 우리 가운데 나타나셨다. 하나님이 우리에게 보여 주신 신적인 자비는 완전하고 순전한 무력함을 통해서 드러난 것이었다. 하하느님의 혁신적인 선택은, 권력을 완전히 제거하신 상태에서 그리고 그것을 통해서 영광, 아름다움, 진리, 평화, 기쁨 그리고 무엇보다 사랑을 보여 주시고자 한 선택이다. 우리가 이러한 하느님의 신비를 이해하기란 불가능하지는 않을지라도 아주 어렵다. 우리는 '전능하시고 능력 많으신 하느님'께 기도하기를 계속하지만, "나를 보는 자는 아버지를 보는 것"이라 말씀하시며 우리에게 하느님을 드러내 보여 주신 그분은 모든 힘과 권세가 없는 상태이시다. 우리가 진정으로 하느님을 사랑하기를 원한다면, 연약함으로 점철된 인생을 사셨던 그 나사렛 사람을 살펴보아야만 한다. 그의 연약함은 우리에게 하느님의 마음으로 가는 길을 열어 준다.

　권력을 가진 사람은 친밀함과는 거리가 멀다. 우리는 권력을 가진 사람을 두려워한다. 그들은 우리를 지배할 수 있고, 우리가 원하지 않는 일을 강제로 시킬 수 있다. 우리는 권력을 가진 사람을 우러러본다. 그들은 우리가 갖지 못한 것을 갖고 있고, 자신의 의지에 따라 그것을 줄 수도, 주지 않을 수도 있다. 우리는 권력을 가진 사람을 부러워한다. 그들은 우리가 갈 수 없는 곳에도 갈 수 있고, 우리가 할 수 없는 일도 능히 할 수 있다. 그러나 하느님의 권력은 그와는 정반대인 것이다. 하느님은 우리가 그분을 두려워하거나, 거리를 두거나, 부러워하기를 원하지 않으신다. 하느님은 우리에게 가까이, 바로 가까이, 아주 가까이 오기를 원하신다. 엄마 품에 안긴 아이처럼 우리가 하나님과 친밀한 가운데 안주할 수 있도록 하기 위해서 말이다.

그래서 하나님은 작은 아기가 되셨다. 누가 작은 아기를 무서워하겠는가? 작디작은 아기는 부모나 유모, 자기를 돌보는 사람에게 전적으로 의존한다. 그렇다. 하나님은 아주 무력한 사람이 되어, 많은 사람의 도움 없이는 먹거나 마시거나 걷거나 말하거나 놀거나 일할 수 없도록 되기를 원하셨다. 그렇다. 하나님은 자라서 우리 가운데 사시고 복음을 선포하시기 위해 인간에게 의존하는 자가 되셨다. 그렇다. 하나님은 정말 무력한 자가 되기를 선택하시고, 우리 가운데서 하나님 자신의 사명이 실현 되도록 하기 위해서 우리에게 전적으로 의존하시게 되었다. 우리 품 안에서 어르고 있는 아기를 어떻게 두려워할 수 있겠는가? 그렇게 작고 연약한 아기를 어떻게 우러러볼 수 있겠는가? 우리의 보살핌에 대한 반응으로 생긋 웃는 아기를 어찌 부러워하겠는가? 이것이 바로 성육신의 신비다. 하나님은 완전한 연약함으로 권력의 장벽을 극복하시기 위해, 인간과 동일한 모습으로 인간이 되셨다. 바로 이것이 예수님의 이야기다.

그래서 이야기는 어떻게 끝났는가? 십자가에서 끝났다. 그곳에서 예수님은 우리와 동일한 인간으로 손과 발이 못 박힌 채 벌거벗은 모습으로 매달리셨다. 말구유에서의 무력함이 십자가에서의 무력함이 되었다. 사람들은 그분을 조롱하고 비웃고, 그분의 얼굴에 침을 뱉으며 소리쳤다. "그가 남은 구원하였으나, 자기는 구원하지 못하는가 보다! 그가 이스라엘의 왕이시니, 지금 십자가에서 내려오시라지! 그러면 우리가 그를 믿을 터인데!"(마 27:42) 그분은 거기 매달리셨다. 납 조각이 달린 채찍에 갈기갈기 찢긴 몸으로, 친구들의 거부와 적들의 모욕으로 인해 상한 마음으로, 번민으로 인해 괴로워하는 정신으로, 버림받음이라는 암흑에 휩싸인 영혼으로—완전히 연약하고 완전히 무력한 상태로 말이다. 이것이 바로, 우리에게 하나님의 사랑을 드러내 보여 주시기 위해, 우리를 긍휼의 품안으로 되돌리시기 위해, 그리고 한없는 자비 속에서 분노가 녹아 없어졌다는 것을 우리에게 확신시키기 위해 하나님이 선택하신 방법이다.

그러나 나사렛 예수님을 통해 드러내 보여 주신 하나님의 무력함에 대해서 해야 할 말이 좀 더 있다. 그것은 무력한 탄생이요 무력한 죽음일 뿐 아니라, 좀 이상하게 들릴지 모르지만 무력한 인생이었다.

하나님의 무력한 아이 예수는 무력함 가운데서 복을 받으셨다. 기록되지 않은 나사렛에서의 오랜 생활 후 예수님이 사역을 시작하실 때, 그분은 처음으로 우리에게 자화상을 제시하신다. 그분은 "마음이 가난한 사람은 복이 있다"라고 말씀하셨다. 예수님은 가난하셨다. 그분은 자신이 속한 사회에서 지배 계층이 아니라 소외된 계층이었다. 나사렛에서 무슨 선한 것이 날 수 있겠는가?

그분은 "온유한 사람은 복이 있다"라고 말씀하셨다. 예수님은 상한 갈대를 꺾지 않으신다. 그분은 항상 작은 자를 돌보신다.

그분은 "슬퍼하는 사람은 복이 있다"라고 말씀하셨다. 예수님은 슬픔을 숨기지 않으신다. 오히려 친구가 죽을 때, 사랑하는 예루살렘의 멸망을 예견하실 때, 눈물을 흘리신다.

그분은 "의에 주리고 목마른 자는 복이 있다"라고 말씀하셨다. 예수님은 거침없이 불의를 비난하시고, 굶주린 자, 죽어 가는 자, 나병 환자들을 지키는 데 주저하지 않으신다.

그분은 "자비한 사람은 복이 있다"라고 말씀하셨다. 예수님은 복수를 청하지 않으시고 언제 어디서나 치유하신다.

그분은 "마음이 깨끗한 사람은 복이 있다"라고 말씀하셨다. 예수님은 필요한 일에만 초점을 맞추신 채, 주의가 산만해지지 않도록 하신다.

그분은 "평화를 이루는 사람은 복이 있다"라고 말씀하셨다. 예수님은 차이를 강조하지 않으시고, 사람들을 한 가족 안의 형제자매로서 화해시키신다.

그분은 "의를 위하여 박해를 받은 사람은 복이 있다"라고 말씀하셨다. 예수님은 성공과 명성을 바라지 않으신다. 그분은 거절과 버림당함이 자신을 괴롭힐 것임을 알고 계신다.

팔복은 우리에게 예수님의 자화상을 보여 준다. 그것은 무력한 하나님의 초상이다. 그것은 또한 병든 자, 죄수, 난민, 고독한 자, 성적 학대의 희생자, 에이즈에 걸린 사람들 그리고 죽어 가는 사람들을 보는 곳에서는 어디서나 언뜻 보게 되는 자화상이다. 우리는 바로 그들의 무력함을 통해서 형제와 자매가 되라는 부르심을 받았다. 우리는 그들의 무력함을 통해서 우정과 사랑의 유대를 깊게 하라는 부르심을 받았다. 우리는 그들의 무력함을 통해서 무기를 내려놓고 서로 용서하며 화해하라는 도전을 받았다. 또 우리는 그들의 무력함을 통해서 "그리스도가 반드시 이런 고난을 겪고서 자기 영광에 들어가야 하지 않겠습니까?"라고 하신 예수님의 말씀을 변함없이 기억한다. 진정 하나님의 무력함과 하나님이 친히 한 부분이 되신 인류의 무력함이 사랑의 집으로 가는 문이 되었다.

능력

우리의 세상은 분리하고 파괴하는 사탄의 권세에 의해 지배를 받고 있다. 하나님은 무력한 예수님을 통해서 이 권세들을 무장 해제시키셨다. 그러나 이러한 신비는 우리에게 새롭고 어려운 질문을 던진다. '이 세상에서 우리는 어떻게 무력한 하나님에 대한 증인으로서 살아가면서, 사랑과 평화의 왕국을 건설할

수 있는가?'

    무력하다는 말은, 우리가 권력에 굶주린 사회에 짓밟힘을 당하는 가장 비천한 자들이 될 운명에 처해 있다는 의미인가? 연약하고, 수동적이고, 비굴한 것, 다시 말해 항상 어둠의 권력이 우리의 삶을 지배하도록 하는 것이 바람직하다는 의미인가? 경제적 약함, 제도적 결함, 육체적·정서적 연약함이 이제 갑자기 미덕이 되었다는 의미인가? 자신의 직무를 위해 제대로 준비되지 못한 사람들이 이제 자신의 부족함을 감사해야 할 복으로 자랑할 수 있다는 의미인가? "내 능력은 약한 데서 완전하게 된다"(고후 12:9)라는 바울의 말씀을 읽을 때, 당신은 자신의 낮은 자존감을 복음 선포를 위한 수단으로 사용한 유약한 사람을 대하고 있다고 생각하는가?

    우리는 여기서 연약함의 신학이 갖고 있는 가장 위험한 함정에 접하게 된다. 우리가 연약함의 노예가 될 때에만 세상의 권력에 사로잡히는 것을 피할 수 있다면, 하나님 편보다는 오히려 사탄의 편에 있는 것이 더 나을 것 같다. 연약함의 신학이 유약한 이들을 위한 신학이 된다면, 그런 신학은 모든 영역에서의 무능력, 굴복, 자학, 패배에 대한 충분한 변명이 될 것이다.

    그러나 이것은 이론적으로도 전혀 타당성이 없다. 재정적·지적·영적 연약함이 신적인 특권으로 해석되는 경우가 종종 있다. 고통을 피하는 것보다 하나님을 위해 고통당하는 것이 더 낫다는 확신으로 유능한 의학적·심리학적 도움을 받는 것을 미루거나 피하는 일도 종종 있다. 미래를 위한 신중한 계획이나 적극적인 모금 활동, 지적인 전략을 세우는 것이, 무력함이란 이상(理想)에 대해 믿음이 부족한 것으로 여겨져 눈살을 찌푸리는 경우도 간혹 있다. 병든 자, 가난한 자, 장애인 그리고 고통당하는 모든 이들이 자신의 운명에서 벗어날 수 있도록 충분한 도움을 주지도 않은 채, 그들을 하나님의 특권을 받은 자녀들로 여기는 경우도 종종 있다.

니체는 정확하게 이 연약함의 신학을 비판했다. 그에 따르면 이 신학은 가난한 이들을 계속 가난에 머무르게 하며, 기성 종교 집단의 지도자들에게는 그들에게 '충성을 바치는 자들'이 비굴한 굴종에서 벗어나지 못하도록 얽어매는 기회를 주었다고 한다. 실로 위험 가능성이 극도로 높은 무력함의 영성, 연약함의 영성, 작음의 영성이 존재한다. 특별히 자신이 하나님의 이름으로 전하고 행하도록 부르심을 받았다고 느끼는 사람들 가운데서 말이다. 예수님은 그들을 향해 말씀하신다. "그들은 지기 힘든 무거운 짐을 묶어서 남의 어깨에 지우지만, 자기들은 그 짐을 나르는 데에 손가락 하나도 까딱하려고 하지 않는다"(마 23:4).

그러나 연약함의 신학은 다음과 같이 도전한다. 사회와 교회의 권력자들이 우리를 조종하도록 허용하는 세속적인 연약함이 아니라, 인류의 상처를 치유하고 이 땅을 새롭게 하는 하나님의 능력의 진정한 통로가 되도록 우리를 열어 주시는 하나님께 전적으로 그리고 무조건적으로 의뢰하는 것으로 연약함을 바라보라고 말이다. 연약함의 신학은 능력, 하나님의 능력, 모든 것을 변화시키는 사랑의 능력을 주장한다.

실로, 연약함의 신학은 권력 싸움에 얽매어 있는 인류를 보며 울고 계시는 하나님의 모습을 보여 주며, 소위 종교적인 사람들도 동일한 권력 싸움을 탐욕스럽게 사용하는 것에 대한 하나님의 분노를 보여 주는 신학이다. 진정 연약함의 신학은, 하나님이 어떻게 완전히 무력한 모습으로 역사 속에 들어오심으로써 세상과 교회의 권력 싸움을 폭로하시는지를 보여 주는 신학이다. 그러나 연약함의 신학은 궁극적으로, 하나님이 우리 인간들에게 하나님의 능력을 주셔서 고개를 들고 자신 있게 이 땅을 걸을 수 있도록 하셨음을 보여 주고자 한다.

하나님은 능력이 많으신 분이다. 예수님은 하나님의 능력에 대해 말하기를 주저하지 않으신다. 그분은 말씀하신다. "내가 진정으로 너희에게 말한다. 여기에 서 있는 사람들 가운데는, 죽기 전에 하나님의 나라가 권능을 떨치며 와 있는 것을 볼 사람들도 있다"(막 9:1). 예수님이 가시는 곳에서는 어디서나 하나님의 능력을 경험할 수 있었다. 누가는 이렇게 쓰고 있다. "온 무리가 예수에게 손이라도 대보려고 애를 썼다. 예수에게서 능력이 나와서 그들을 모두 낫게 하였기 때문이다"(눅 6:19). 12년 동안이나 혈루증으로 고생하던 여인이 예수님은 자기를 고쳐 주시리라 확신하며 그분의 겉옷자락에 손을 댔을 때, 예수님은 말씀하셨다. "누군가가 내게 손을 댔다. 나는 내게서 능력이 빠져나간 것을 알고 있다"(눅 8:46). 예수님은 하나님의 능력으로 가득 찬 분이셨다. 예수님은 자신에게 죄를 용서할 능력, 치유할 능력, 생명을 주실 능력, 다시 말해 모든 능력이 있음을 주장하셨다. 그분이 친구들에게 하신 마지막 말씀은 이런 확신으로 가득 차 있다. 그분은 말씀하셨다. "나는 하늘과 땅의 모든 권세를 받았다. 그러므로 너희는 가서, 모든 민족을 제자로 삼아서…"(마 28:18-19).

능력이 주장되었고, 또 능력이 주어졌다. 하나님은 연약한 예수님을 통해 우리에게 권능을 부어 주시고, 예수님이 가지셨던 능력을 주고자 하신다. 또한 귀신을 쫓아내고, 병든 자를 치유하며, 죽은 자에게 생명을 주고, 분열된 자들을 화해시키고, 공동체를 창조하고 하나님 나라를 세우도록 우리를 파송하기를 원하신다.

연약함의 신학은 하나님이 권능을 부어 주시는 신학이다. 그것은 유약한 이들을 위한 신학이 아니라, 두려움에서 벗어나 자신의 빛을 밝히고 하나님 나라의 사역을 하게 하는 사랑의 능력을 주창하는 남녀들을 위한 신학이다.

그렇다. 우리는 가난하고, 온유하고, 슬퍼하고, 의에 주리고 목마르며, 긍휼히 여기며, 마음이 깨끗하며, 평화를 이루며, 적대적인 세상에 의해 항상 핍박받는 자들이다. 그러나 유약하거나 학대받아도 가만히 있는 사람들은 아니다. 하나님 나라가 우리의 것이며, 이 땅은 우리의 기업이다. 우리는 위로를 받으며, 배부를 것이고, 자비함을 입으며, 하나님의 자녀라 불릴 것이고…그리고 하나님을 볼 것이다. 이것이 능력, 진정한 능력, 위로부터 오는 능력이다.

  힘을 통한 능력에서 무력함을 통한 능력으로 옮겨 가는 것이 우리의 소명이다. 두려움 많고 근심하며 불안해하고 상처받은 우리는, 우리를 둘러싸고 있는 세상이 좌우에서, 여기저기서, 예나 지금이나 제공하고 있는 권력을 조금이라도 움켜잡고 싶은 유혹을 지속적으로 받는다. 이런 권력들은 우리로 하여금 작은 꼭두각시로 죽을 때까지 줄에 매달려 흔들리며 살아가도록 만든다. 그러나 우리가 그러한 권력이 없는 가난한 이들을 향해 다가가며 무력함으로 세례를 받는 한, 우리는 하나님의 무한하신 자비의 마음으로 빠져들어 간다. 우리는 예수님이 가지셨던 것과 동일한 능력을 가지고 자유롭게 이 세상에 다시 들어가게 된다. 그리고 끊임없이 하나님과 교제하며, 머리를 들고, 우리 인생의 십자가 아래 자신 있게 서서, 어둠과 눈물의 골짜기를 걸어갈 수 있다.

우리 공동체의 지도자들로 하여금 감히 위험을 무릅쓰며 새로운 주도권을 쥐고 나아가게 하는 것이 바로 이 능력이다. 우리로 하여금 주권자들과 교회 지도자들을 대할 때 비둘기같이 순결할 뿐 아니라 뱀처럼 지혜롭게 만드는 것이 바로 이 능력이다. 우리로 하여금 재정적인 자원을 가진 사람들과 금전을 나누는 것에 관해 주저 없이 올바로 이야기하고, 사람들을 철저한 섬김으로 부르며, 사람들에게 인류를 섬기는 데 장기간 헌신하라고 도전하며, 언제 어디서나 복음을 선포하게 하는 것이 바로 이 능력이다. 우리를 모든 것을 새롭게 만들 수 있는, 두려움 없는 성도(saint)로 빚는 것이 바로 이 하나님의 능력이다.

결론

분열시키는 권력으로부터 연합시키는 능력으로, 파괴적인 권력으로부터 치유하는 능력으로, 마비시키는 권력으로부터 권능을 부여하는 능력으로 어떻게 계속 나아갈 수 있겠는가?

세 가지 대안을 제안하겠다. 세 가지 모두 우리로 하여금 하나님의 시각을 가지고 위로부터 우리 인류와 우리의 삶을 보게 하는 훈련이다.

첫 번째 훈련은 항상 우리 가까이에 있는 그리고 이 세상 가운데 있는 가난한 사람들에게 초점을 맞추는 것이다. 우리는 계속 스스로에게 질문해야 한다. "우리가 손을 내밀어 주기를 기다리는 남자, 여자, 아이들이 어디에 있는가?"라고 말이다. 육체적·지적·정서적인 온갖 형태의 가난이 줄어들지 않고 있다. 반대로 가난한 이들은 우리 주변 어디에나 있으며, 이전보다 더욱 많다. 어둠의 권세가 더욱 잔인한 모습으로 끔찍한 음모를 꾸밀수록 가난한 자의 울음소리는 점점 더 커질 것이고, 그들의 고통은 점점 더 현저해질 것이다. 평화를 갈망하는 우리는 계속해서 귀 기울여 듣고, 살펴보아야만 한다. 이런 고통스러운 광경에서 도망쳐서는 안 된다.

두 번째 훈련은 하나님은, 우리가 우리에게 주어진 가난한 자들을 진정으로 돌보도록 하시기 위해 우리에게 필요한 것을 주시리라 신뢰하는 것이다. 우리는 필요할 때 그리고 필요로 하는 만큼, 재정적·정서적·육체적 도움을 받게 되리라 확신하게 된다. 나는 우리가 돈, 시간, 재능을 가지고 도울 준비가 된 사람들이라고 확신한다. 그러나 우리는 보통 가난이란 상황을 둘러싸고 있는 혼돈 속으로 들어가기를 두려워한다. 하지만 새로운 모험을 감행하지 않는다면, 우리는 그 자리에 그대로 머물러 있을 것이다. 우리가 행동으로 옮기기에 앞서 우리의 삶의 모든 토대를 전부 망라해야 한다면, 어떤 놀라운 일도 일어나지 않을 것이다. 그러나 하나님이 우리에게 그렇게 하기를 요구하시기 때문에 약간 별난 모험을 감행한다면, 미처 존재하리라고는 생각조차 못했던 많은 문들이 우리를 향해 열릴 것이다.

세 번째 훈련은 가장 어려운 것이다. 그것은 고통 때문이 아니라 기쁨으로 인해 놀라는 훈련이다. 나이가 들어 갈수록 우리는 팔을 벌리고 가고 싶지 않은 곳으로 안내받고 인도받아야 할 것이다. 베드로가 그러했듯이 우리도 그러할 것이다. 우리 앞에는 고통이 있다. 거대한 고통, 우리로 하여금 끊임없이 우리가 잘못된 길을 택했으며, 다른 이들이 우리보다 더 빈틈없다고 생각하도록 유혹하는 고통이 있다. 그러나 고통으로 인해 놀라지 말라. 기쁨으로 인해 놀라워하라. 황량한 사막 한가운데서 그 아름다움을 보여 주는 작은 꽃으로 인해 놀라워하라. 우리의 고통의 심연에서 신선한 물이 있는 샘처럼 솟아나는 거대한 치유의 능력으로 인해 놀라워하라.

그렇게 할 때, 다시 말해 가난한 이들에게 초점을 맞춘 눈과, 우리가 필요로 하는 것은 모두 공급받을 수 있다고 신뢰하는 마음과, 항상 기쁨으로 인해 놀라워하는 영혼을 소유할 때, 우리는 진정한 능력을 행하는 자가 되어, 기적을 행하고 증거하면서 이 어둠의 골짜기를 걸어갈 것이다. 우리가 어디를 가든, 누구를 만나든 하나님의 능력은 우리의 것이 되어 우리 안에서 넘쳐날 것이다.

존과 샌디에 대한 짧은 이야기로 결론을 맺고자 한다. 존과 샌디는 아주 단순한 사람들이다. 우리 가운데는 존과 샌디와 같은 사람이 많이 있다. 어느 날 존이 샌디에게 말했다. "우리는 아직 언쟁을 해 본 적이 없어요. 다른 사람들처럼 언쟁을 해 봤으면 좋겠어요." 샌디가 물었다. "그러나 어떻게 논쟁을 시작할 수 있어요?" 존이 대답했다. "그건 아주 간단해요. 내가 벽돌을 가지고 '이건 내 거야'라고 말하면, 당신은 '아냐, 그건 내 거야'라고 한 다음 우리는 언쟁을 하는 거요." 그래서 그들은 자리에 앉았고, 존은 벽돌을 가지고 말했다. "이 벽돌은 내 거요." 샌디는 부드럽게 그를 쳐다보며 말했다. "그래요. 그게 당신 거라면 당신이 가지세요." 그래서 그들은 언쟁을 할 수가 없었다.•

우리가 손에 벽돌을 가지고, 내 것인지 네 것인지에 대해 왈가왈부하는 동안, 작은 권력 싸움은 점점 큰 권력 싸움으로 확대될 것이고, 큰 권력 싸움은 미움, 폭력, 전쟁으로 이어질 것이다. 아래로부터 우리 삶을 본다면, 우리는 두려움과 불안 때문에 어디에서나 벽돌을 손에 움켜쥐고 필사적으로 놓치지 않으려고 할 것이다. 그러나 우리가 감히 벽돌을 내려놓고, 손을 비우며, 그것들을 진정한 피난처이시며 진정한 산성이 되시는 유일하신 그분께 올려 드린다면, 우리의 가난은 우리가 위로부터

• 이 이야기는 사막 교부들의 이야기를 인용한 것이다.

오는 능력, 치유하는 능력, 우리 자신과 우리 세상에 진정한 복이 될 능력을 받도록 문을 열어 줄 것이다.

평안의 길

평안에 대해 어떻게 써야 할까? 지난 몇 년 동안 나는 삶에서 굉장히 많은 변화를 경험했고, 그로 인해 자신감을 상당히 잃어버렸다. 몇 년 전까지만 해도 많은 사람들 앞에 서서 평안의 사람이 되는 법에 대해 몇 가지 제안을 하는 것이 다소 쉬워 보였다. 전해야 할 중요한 것들이 있다고 확신한 채 어느 정도 쉽게 그렇게 할 수 있었다.

그러나 이 글을 준비하면서 나는, 내적인 깊은 공허감과 말에 대한 허망한 감정을 경험했다. 심지어 평안, 화평케 하는 것, 평안의 영성에 관해 말하는 것에 대해 절망감까지 경험했다. 모든 것을 그만두고 싶은 유혹을 받았다. 나의 빈곤함이 나를 심하게 마비시키는 것 같았기 때문이다.

나는 이러한 감정들을 물리치며 나의 부족함을 나누기로 결심한다. 하나님은 내가 그 사실로부터 숨거나, 당신에게 그것을 숨기기를 원하지 않으신다고 확신하기 때문이다. 이전에 나는 기도, 저항, 공동체를 평안의 사역이 지니는 세 가지 핵심적 측면이라고 말하곤 했다. 나는 여전히 그것이 사실이라고 믿는다. 그러나 오늘날 그것을 말할 가치가 있는지 의문이 생긴다. 이 개념들이 그 표현하는 바를 생겨나게 하는지 의심스럽기 때문이다. 나는 더 이상 예전처럼 확신할 수가 없다. 나는 더 이상 어떤 단어들의 사용도 우리가 하나님의 소명에 합당한 사람이 되도록 돕는다고 확신할 수 없다.

그러면 이제 무엇을 해야 하는가? 이 모든 것을 생각하며 다소 괴로운 시간을 보낸 이후, 나는 내 현재 삶에 대해 조금 소개하면서 우리가 찾고 있는 예수님의 평안의 몇몇 측면에 대한 나의 통찰을 중점적으로 이야기해야겠다고 생각했다.

몇 년 전 나는 하버드에서 데이브레이크 공동체로 이사를 왔다. 즉 가장 뛰어나고 가장 똑똑한 사람들을 위한 교육 기관에서 정신 지체 장애인들의 공동체로 옮겨 온 것이다. 토론토 가까이에 있는 데이브레이크는 라르쉬(L'Arche, 피난처)라 불리는 국제적인 공동체 연합에 속한 곳으로, 정신 지체 장애인들과 그들을 돕는 이들이 팔복의 가르침을 가슴에 새긴 채 공동체의 삶을 살려고 애쓰는 곳이다. 나는 여섯 명의 장애인 그리고 세 명의 자원 봉사자와 한 집에 살고 있다. 정신 지체 장애인을 돕는 법에 대해 특별한 훈련을 받은 봉사자는 아무도 없지만, 우리는 도시에 있는 의사, 정신의학자, 행동 치료사, 사회 사업가, 물리 치료사들에게 엄청난 도움을 받는다.

특별한 위기가 없을 때면, 우리는 한 가족으로 함께 살면서 누가 장애인인지 아닌지 거의 잊고 지내게 된다. 우리는 그저 존, 빌, 트레버, 레이먼드, 아담, 로즈, 스티브, 제인, 나오미 그리고 헨리일 뿐이다. 우리는 모두 자신만의 독특한 재능, 분투, 자신만의 장단점을 가지고 있다. 우리는 함께 먹고, 함께 놀며, 함께 기도하고, 함께 외출한다. 우리 모두 일, 음식, 영화에 대한 각자의 취향이 있으며, 장애가 있든 없든, 이 집에 있는 누군가와 어울리는 데 자기만의 문제들을 가지고 있다. 우리는 많이 웃는 편이다. 또 많이 울기도 한다. 때로는 동시에 두 가지를 다 하기도 한다.

매일 아침 내가 "좋은 아침입니다. 레이먼드"하고 말하면 그는 "나는 아직 잠이 안 깼어요. 날마다 모든 사람에게 좋은 아침이라고 말하는 것은 비현실적이에요"라고 말한다. 작년 크리스마스이브에 트레버는 모든 사람의 평화를 기원하는 선물로서 은박지로 마시멜로 과자를 포장했다. 그리고 그는 크리스마스 만찬 때 의자 위로 올라가 잔을 높이 들고 이렇게 말했다. "신사 숙녀 여러분, 오늘은 축제가 아닙니다. 오늘은 크리스마스입니다."

누군가와 전화 통화를 하고 있던 한 사람은 봉사자의 담배 연기가 신경에 거슬리자 화가 나서 이렇게 소리쳤다. "담배 좀 그만 피우세요. 전화 내용을 들을 수가 없잖아요." 또 저녁 식사에 참석하기 위해 도착한 모든 손님은 빌에게 "안녕하세요? 긴장하고 있는 칠면조가 뭔지 아세요?"라는 질문을 받는다. 새로운 손님이 모른다고 고백하면, 빌은 이를 드러내고 씩 웃으며 말한다. "내일 알려 드릴게요." 그런 다음 그는 너무나 크게 웃어서, 방문객은 여자든 남자든 간에 자신이 들은 농담이 재미있든 없든 간에 그와 함께 웃어야만 한다.

이런 곳이 라르쉬다. 이런 곳이 데이브레이크다. 이런 사람들이 내가 밤낮으로 함께 살고 있는 열 명의 가족이다. 이런 몇몇의 불쌍한 사람들로 이루어진 식구들과의 삶이, 우리가 찾고 있는 그리스도의 평안에 대해 무엇을 보여 줄 수 있을까? 나는 우리 집에 사는 열 명 가운데 한 사람인 아담에 대한 이야기를 하고 싶다. 그는 이 세상에 속하지 않은 평안을 침묵으로 말하는 사람이다.

장애인을 돕는 일을 한 번도 해 본 적이 없는 나는, 이 익숙하지 않은 세계가 염려가 되었을 뿐 아니라 두렵기까지 했다. 이러한 두려움은 내가 아담을 직접 돕도록 부탁받았을 때 더욱 커졌다. 아담을 처음 만났을 때는 나는 그의 놀라운 아름다움과 깊이를 깨닫지 못했다. 아담은 조촐한 우리 가족 중에서 가장 연약한 구성원임을 쉽게 알 수 있었다. 그는 25세의 청년으로, 말을 할 수도 없고, 혼자서는 옷을 입거나 벗을 수도 없을 뿐 아니라 많은 도움이 없이는 혼자서 걷거나 먹을 수도 없다. 그는 울지도 웃지도 못하고 단지 가끔 눈 맞춤만 할 수 있을 뿐이다. 그의 등뼈는 심하게 휘었고 때때로 그의 움직임은 심하게 뒤틀린다. 그는 심한 간질로 고통받고 있다. 또 대량의 약물 치료에도 불구하고 '대 발작'을 일으키지 않고 지나가는 날이 거의 없다. 때때로 몸이 갑자기 뻣뻣해지면, 그는 고통스런 신음을 낸다. 어떤 경우에는 그의 뺨에 엄청난 눈물이 흘러내리는 것을 볼 수 있다. 아담을 깨우고, 약을 먹이고, 옷을 벗기고, 욕실로 데려가고, 씻기고, 면도를 해 주고, 이를 닦아 주고, 옷을 입히고, 부엌으로 데려가고, 아침을 먹이고, 휠체어에 태워 본격적인 하루 일정을 보내는 곳까지 데려다주기까지 대략 한 시간 반이 걸린다. 그는 그곳에서 운동 치료를 받고 휴식하고 차를 마시며 하루 대부분을 보낸다.

이런 일련의 일들을 하는 동안 대 발작을 일으키기라도 하면, 훨씬 많은 시간이 필요하다. 그리고 종종 발작을 일으키는 동안 소모해 버린 에너지를 보충하기 위해 다시 잠을 자러 돌아가야만 한다.

내가 이 모든 과정을 말하는 것은, 여러분에게 간호 보고서를 내고자 하는 것이 아니라 여러분과 함께 아주 친밀한 무언가를 나누기 위해서다. 이런 식으로 아담을 도운지 한 달 후에, 전에는 한 번도 일어난 적이 없는 무언가가 나에게 일어나기 시작했다. 많은 외부인들이 처음 보기에는 극심한 장애인이요, 돌보는 사람에게는 당혹스러움이나 짐으로 여겨지는, 이 놀랍고도 특별한 젊은이가 나의 가장 소중한 친구가 되기 시작한 것이다.

실수를 하거나 아담에게 상처를 입히는 데 대한 두려움이 점차 줄어들자, 그리고 내가 그의 일과에 적응해서 마음이 좀 더 느긋해짐에 따라 내 속에서 사랑이 자라기 시작했다. 또 친절과 애정이 너무 충만해서, 아담과 함께 보내는 시간에 비해 나의 대부분의 다른 일과는 지루하고 피상적인 것 같았다. 내가 처음에 보았던 그의 상한 몸과 상한 마음에서 가장 아름다운 인간의 모습이 나타났다. 내가 그에게 줄 수 있는 것보다 내게 더 큰 선물을 주면서 말이다. 이런 경험을 표현할 적절한 단어를 찾기란 정말 어렵지만, 아담은 내게 그가 누구였고 내가 누구였는지 그리고 우리가 어떻게 서로 사랑할 수 있었는지를 밝히 보여 주었다.

그의 벌거벗은 몸을 욕조에 담그고, 그의 가슴과 목으로 물이 빠르게 흘러가도록 큰 물결을 만들며, 그와 코를 맞대기도 하고, 그에게 그와 나에 대한 온갖 이야기를 했을 때, 나는 우리 두 사람이 사고나 감정의 영역을 훨씬 뛰어넘는 의사소통을 하고 있음을 알게 되었다. 가장 깊은 곳에서 가장 깊은 곳으로, 영혼이 영혼에게, 마음이 마음에게 말하는 것이다. 나는 여기서 사랑이라는 상호 관계를 경험하기 시작했다. 지식이나 감정을 공유하는 것에서 말미암는 사랑이 아닌, 인간성을 공유함으로써 말미암는 사랑의 관계 말이다. 아담과 함께 더욱 오래 지낼수록, 나는 그가 책이나 학교나 교수가 결코 가르쳐 주지 못했던 것을 가르쳐 주는 자상한 선생임을 더욱 분명하게 깨닫게 되었다.

내가 너무 낭만적으로 생각하는 건가? 전혀 아름답지 못한 것을 아름다운 무언가로 만들고 있는 것인가? 혹 심한 정신 지체자의 아버지가 되고자 하는 나의 은밀한 욕구를 표현하고 있는 것인가? 아니면 본질적으로 자연스럽지 못한 한 사람의 상황을 고상하게 만들고 있는 것인가? 나는 나의 지적·심리학적 배경을 사용해 이런 질문들을 제기할 수 있었다. 최근에 이런 질문들을 제기하며 이 이야기를 쓰고 있는 동안 아담의 부모님이 방문하셨다. 나는 그분들에게 여쭈어 보았다. "아담과 함께 계셨던 수년 동안 그가 부모님에게 해 드린 것은 무엇인가요?" 그의 아버지는 미소를 머금은 채 조금도 주저하지 않고 말씀하셨다. "그 애는 우리에게 평안을 주었지요.…우리에게 평안을 전해 주는 아이에요.…우리의 평안의 아들이죠."

그럼 이제 아담의 평안에 대해 쓰려고 한다. 이것은 실로 세상이 줄 수 없는 평안이다. 말할 수 없는 사람의 평안을 말로 표현하는 이 단순한 특권에 나는 감동을 느꼈다. 아담의 처절한 미약함 안에 숨겨진 평안이라는 은사는 세상에 속한 것이 아닌, 분명 세상을 위한 은사다.

아담의 은사가 인식되게 하기 위해서는 누군가가 그것을 들어 올리고 누군가가 그것을 받아들여야 한다. 아마도 그것이 장애인을 돕는 사람의 가장 깊은 소명일 것이다. 그것은 장애인들이 그들의 은사를 나누고 다른 사람들이 그들의 은사를 깨닫고 받아들이도록 도와주는 것이다.

평안이라는 아담의 특별한 은사는 **존재**와 **마음**에 근거한 것일 뿐 아니라, 항상 **공동체**를 형성해 내는 것이다. 이제 아담의 평안의 이러한 세 가지 측면을 좀 더 깊이 탐구해 보자.

존재에 근거를 둔 평안

아담의 평안은 무엇보다도 **존재**에 근거를 둔 평안이다. 아담은 아무것도 할 수 없다. 그는 삶의 순간순간마다 다른 이에게 철저히 의존하고 있다. 그의 은사는 온전히 **우리와 함께 있는 것**이다. 아담의 일과를 행하도록 '하기' 위해, 저녁 식사를 하도록 그를 돕고, 그를 잠자리로 데려가기 위해 집으로 달려가는 매일 저녁, 나는 내가 아담을 위해 할 수 있는 최선의 일은 그와 함께 '있는' 것임을 깨닫는다. 아담이 무언가를 원한다면, 그것은 내가 그와 함께 '있는' 것이라고 믿는다. 더 이상 아무것도 없다. 그리고 그것이 정말 나에게 매우 큰 기쁨이라는 사실이 놀랍다. 숨을 쉬고, 먹고, 조심스럽게 발걸음을 내딛는 그의 모습에 온통 주의를 기울이는 것, 그가 자기 입에 숟가락을 갖다 대기 위해 노력하는 모습 혹은 누군가 자기 셔츠를 벗겨 주는 일을 더 수월하게 하려고 조금이라도 자기의 왼팔을 들어 올리려는 모습을 보는 것이 그렇다. 나는 그가 표현할 수는 없지만 그럼에도 불구하고 사라지기를 바라는 고통이 있다는 사실이 늘 의아스럽다. 나는 단지 여기에, 나의 친구와 함께 있다. 아담이 내게 가르쳐 주는 진리는 얼마나 단순한가, 하지만 이 얼마나 살아 내기 힘든 것인가! 존재란 행위보다 중요하다.

나의 과거의 삶 대부분은, 나의 가치는 나의 행동에 달려 있다는 생각에 근거해 있었다. 나는 초등학교, 중학교, 고등학교, 대학교를 다니며 그것을 확고히 했다. 학위와 상을 받았고, 출세도 했다. 그렇다. 다른 많은 사람들처럼, 나는 약간의 성공, 약간의 명예, 약간의 권력밖에 없는 외로운 정상을 향한 활로를 개척하기 위해 분투했다.

그러나 나는 느리고 무거운 숨을 내쉬는 아담 곁에 앉아 있을 때, 그 여정이 얼마나 폭력적이었는지를 깨닫기 시작했다. 이러한 상향성의 길은 다른 사람보다 더 나아지고자 하는 욕망으로 가득 차 있으며, 경쟁과 겨룸이 두드러지며, 강박 관념과 망상에 사로잡히게 되고, 의심, 질투, 원한, 복수의 순간들로 얼룩져 있다. 내가 하고 있었다고 생각한 일들은 '사역'이라고 불린다. '정의와 평화의 사역', '용서와 화해의 사역', '치유와 온전함의 사역'이라 일컬어졌다. 그러나 내가 보기에 그 말들과 실제 경험 사이에는 괴리감이 있었다. 그러한 경험은 다음과 같은 질문을 불러일으킨다. "내가 평화를 위해 일하면서 전쟁을 원하는 사람들처럼 성공, 명성, 권력에 관심이 있다면, 우리 사이의 진정한 차이는 무엇인가?" "내가 이루고자 하는 평화가 전쟁처럼 이 세상에 속한 것이라면, 그리고 화평케 하는 자인 우리가 서로의 가장 깊은 가치를 짓밟는다면, 어떠한 대안이 있겠는가?" 아담은 특유의 침묵으로 "평안은 본질적으로 행위에 관한 것이 아니다. 평안은 무엇보다 존재의 예술이다"라고 나에게 계속 말하고 있다. 나는 그가 옳다는 것을 알고 있다. 아담과 함께 있은지 4개월이 지난 지금, 내 속에서 전에는 알지 못했던 내적인 평안이 시작되고 있음을 발견하고 있기 때문이다. 행동은 덜하고, 가급적 아담과 더 함께 있고 싶은 별난 바람마저 느낀다.

　아담의 이불을 덮어 주고 불을 끌 때, 나는 그와 함께 기도를 한다. 그는 마치 내 기도 소리가 말하는 목소리와는 조금 다르다는 것을 아는 것처럼 언제나 아주 조용하다. 나는 그의 귀에 대고 속삭인다. "모든 천사가 당신을 지켜 주시기를 바라요." 그러면 그는 내가 말하는 것을 다 아는 것처럼 누운 채로 나를 빤히 바라본다. 아담과 함께 기도하기 시작한 이후로 나는 또한 기도가 무엇지에 대해서 더 잘 알게 되었다. 기도는 예수님과 함께 거하는 것이며 그저 그분과 함께 시간을 보내는 것이다. 아담은 계속 그 사실을 나에게 가르쳐 주고 있다.

마음에 근거를 둔 평안

어쨌든 우리는 수 세기 동안 우리를 인간이 되게 하는 것은 지성이라고 믿어 왔다. 라틴어를 잘 모르는 사람이라 할지라도 세네카(Seneca)의 '인간은 생각하는 동물'(*rationale animal est homo*)이라는 정의는 알고 있다. "진정한 평안은 마음에 속한다"는 말은, 우리 문화와 사회에서는 너무 혁신적인 내용이어서 아담과 같이 매우 유약하고 특수한 자질을 가진 사람들에게만 통할 수 있을 것 같다. 아담의 평안은 존재에 근거를 둔 것일 뿐 아니라 마음에 근거를 둔 평안이다.

아담은 거듭 그 자신의 분명한 방식으로 내게 밝히 보여 준다. 우리를 인간이 되게 하는 것은 일차적으로 지성이 아니라 마음이라고, 모든 창조물 가운데서 우리에게 특별한 정체성을 부여하는 것은 무엇보다도 생각하는 능력이 아니라 사랑하는 능력이라고 말이다. 아담을 처음 봤을 때 장애인으로만 보는 사람은 그가 온전히 사랑을 주고받을 수 있는 능력을 지녔다는 신성한 신비를 이해하지 못하고 있는 것이다. 그는 온전한 사람이다. 약간만 사람인 것도 아니고, 반만 사람인 것도 아니며, 거의 사람인 것도 아니다. 그는 온전하고 완전한 사람이다. 아담에게는 마음밖에 없기 때문이다. 그리고 그의 마음은 하나님의 형상과 모양대로 만들어진 것이다. 그렇지 않다면 어떻게 내가 감히 아담과 내가 서로 사랑한다고 말할 수 있겠는가? 어떻게 그와 함께 거하는 것만으로 새로운 삶을 경험할 수 있었겠는가? 어떻게 내가 많은 사람들을 가르쳤던 나의 과거로부터 나의 선생으로서의 아담과 함께 거하는 것으로 옮겨간 것이 진정한 진보의 발걸음이었다고 믿을 수 있었겠는가? 나는 여기서 아주, 아주 현실적인 어떤 것에 대해 말하고 있다. 그것은 인간으로서의 우리의 참된 정체성에서 마음이 첫째 가는 것이라는 숨겨진 신비다.

여기서 나는, 내가 말하는 '마음'이라는 것이 인간의 생각이 거하는 자리인 지성에 반대되는 개념으로 인간의 감정이 거하는 자리라는 의미가 아님을 말하고 싶다. 그렇지 않다. 내가 말하는 마음이란, 하나님이 우리와 함께 거하시며 신뢰, 소망, 사랑이라는 그분의 선물을 가져오시는 우리 존재의 중심을 뜻한다. 지성은 이해하고, 문제를 파악하고, 실재의 다양한 측면을 분별하고, 삶의 신비를 규명하려 한다. 반면 마음은 우리를 관계 속으로 들어가게 해서, 우리가 서로의 형제자매일 뿐 아니라 우리 부모와 하나님의 자녀임을 경험하도록 한다. 우리의 지성이 그 잠재력을 행사할 수 있기 훨씬 전에, 우리의 마음은 이미 신뢰하는 인간관계를 개발시킬 수 있었다. 따라서 사실상 나는 이러한 신뢰하는 인간관계가 우리의 출생 순간보다 훨씬 먼저 존재한다고 확신한다.

여기서 우리는 영적인 삶의 기원에 접하게 된다. 우리는 종종 영적인 삶이란 생물학적·정서적·지적 삶의 발달 다음에 가장 늦게 찾아오는 것이라 생각한다. 그러나 나는 아담과 함께 살면서 또 그와 함께한 경험을 숙고해 보면서, 하나님의 사랑의 영은 우리가 걷거나 느끼거나 말할 수 있기 훨씬 전에 우리에게 다가오셨음을 깨달았다. 영적인 삶은 우리가 수태된 순간부터 우리에게 주어진다. 영적인 삶을 시작하고 인간으로 하여금 자기 자신보다 훨씬 위대한 어떤 존재를 드러내 보일 수 있도록 만드는 것이 바로 하나님의 사랑의 선물이다.

아담이 사랑을 주고받을 수 있으며, 우리 사이에는 진정한 상호 관계가 존재한다고 굳게 믿고 있다고 말할 때, 나는 그의 극심한 장애를 간과하는 고지식한 심리학적인 언급을 하는 것이 아니다. 나는 우리의 사랑에 대해 말하고 있다. 그 사랑은 바로 하나님의 첫사랑, 다시 말해 모든 인간의 사랑보다 선행하는 사랑에 근거를 두고 있기 때문에 모든 사고와 감정을 초월한다. 아담의 신비는 이것이다. 그는 깊은 정신적·감정적 상함 가운데서 모든 인간의 자만심으로부터 벗어나 있어서, 하나님이 그의 마음에 부어 주시는 그 첫사랑을 전달하는 더 나은 중개자가 되었다는 것이다. 아마도 이 사실로부터 당신은, 어떻게 아담이 나로 하여금 가난하고 억압받는 사람들에 대한 하나님의 사랑을 온전하고 새롭게 이해하도록 해 주는지를 알게 될 것이다. 그는 가난한 사람에 대한 '우선적인 선택'(preferential option)이라는 잘 알려진 원리에 대해 내게 새로운 조망을 제공해 주고 있다.

아담의 상한 마음에서 흘러나오는 평안은 이 세상에 속한 것이 아니다. 그것은 정치 분석, 원탁회의, 시대의 징조에 대한 분별이나 면밀한 전략의 결과가 아니다. 이러한 모든 지성의 활동은 평화를 만들어 내는 복잡한 과정에서 제 역할을 담당한다. 그러나 이 모든 것이, 종종 심령이 가난한 사람이라 불리는 사람들의 마음에서 흘러나오는 하나님의 평안의 섬김 속으로 들어가지 못한다면, 쉽게 다툼을 일으키는 새로운 방식으로 오해되고 말 것이다.

공동체를 형성해 내는 평안

아담의 평안의 세 번째 특징이며 가장 확실한 특징은 이것이다. 행위보다는 존재에 근거를 두고 있고, 지성보다는 마음에 근거를 두고 있으면서도, 그의 평안은 항상 공동체를 형성해 내는 평안이다. 내가 라르쉬에서의 삶을 통해 발견한 가장 깊은 통찰 중 하나는, 장애를 가진 사람들이 우리를 한 가족으로 함께 부른다는 사실과 가장 장애가 심한 이들이 우리의 함께

함의 진정한 무게 중심이라는 사실이다. 전적으로 연약한 가운데 있는 아담이 우리를 그의 주변으로 불러 모은다. 그리고 공동체 형성에 대한 나의 관점을 거꾸로 뒤집어 버린다. 우리 가운데 가장 연약한 구성원은 사실상 자원 봉사자들이다. 우리는 브라질, 미국, 캐나다, 네덜란드 등 다양한 나라에서 왔고, 우리의 헌신은 아무리 잘해도 별로 드러나지 않는다. 어떤 이들은 다른 사람들보다 오래 머물지만, 대부분이 1년이나 2년이 지난 후에 떠나간다. 우리 공동체 생활의 중심으로 좀 더 가까이 갈수록, 레이먼드, 빌, 존, 트레버가 있다. 이들은 비교적 독립적이지만 스스로를 돌볼 수는 없어 여전히 많은 도움과 보살핌을 필요로 하는 이들이다. 이들은 그 가족의 영원한 구성원이다. 이들은 살아 있는 동안 우리와 함께하며 우리에게 그들과 함께 거하라고 계속해서 명한다. 그들은 우리에게 정직하라고 명한다. 이들 때문에 그리고 이들의 연약함 때문에 우리는 우리 사이의 하나 됨을 발견한다. 그래서 갈등은 그리 오래 지속되지 않고, 우리를 긴장시키는 것들을 내놓고 이야기하며, 의견 차이도 해결된다. 그리고 우리 공동체의 심장부에는 로즈와 아담이 있다. 둘 다 심한 장애가 있고 연약하며, 둘 가운데 좀 더 연약한 사람이 아담이다.

아담은 우리 모두 가운데서 가장 연약하지만, 의심할 바 없이 우리 모두로 하여금 가장 강력한 유대 관계를 이루게 하는 인물이다. 아담 때문에 항상 누군가가 집에 있다. 아담 때문에 그 집에는 조용한 리듬이 있다. 아담 때문에 침묵과 고요의 순간이 있다. 아담 때문에 늘 애정 어린 말과, 친절과 부드러움이 있다. 아담 때문에 인내와 오래 참음이 있다. 아담 때문에 모두에게 웃음과 울음이 있다. 아담 때문에 늘 서로에 대한 용서와 치유의 공간이 있다. 그렇다. 아담 때문에 우리 가운데 평안이 있다. 그렇지 않다면 어떻게 이런 다양한 국적과 문화를 가진 사람들과, 이토록 다양한 성격과 이토록 이상하며 다양한 장애-정신병적인 것이든 아니든-를 가진 사람들이, 평안 가운데 함께 살 수 있겠는가?

아담은 실로 자신 주위로 우리를 불러서 이방인들로 이루어진 이 잡다한 그룹에서 가족을 형성해 냈다. 아담은 진정 우리를 화평케 하는 자다. 하나님의 방법이 얼마나 신비로운가! "하나님께서는, 지혜 있는 자들을 부끄럽게 하시려고 세상의 어리석은 것을 택하셨으며, 강한 자들을 부끄럽게 하시려고 세상의 약한 것들을 택하셨습니다. 하나님께서는 세상에서 비천한 것과 멸시받는 것을 택하셨으니 곧 잘났다고 하는 것들을 없애시려고 아무것도 아닌 것들을 택하셨습니다"(고전 1:27-29). 아담은 바울의 이 말씀을 육화시켰다. 그는 내게 진정한 공동체의 신비를 가르쳐 주었다.

성인으로서의 삶 대부분 동안, 나는 스스로 무언가 할 수 있다는 것과, 결국 나를 외로운 길로 되돌려 놓을 때만 다른 사람들이 필요하다는 것을 세상에 보여 주려고 노력해 왔다. 나를 도와주었던 사람들은, 내가 오랜 세월 개인적인 자유를 추구하는 동안 살아남을 수 있도록 강하고 독립적이고 스스로 동기 부여가 된 창조적인 사람이 되도록 도와주었다. 다른 많은 사람들같이 나도 스스로를 만족시키는 스타가 되고 싶었다. 그리고 대부분의 내 동료는 그런 욕구를 가졌다는 면에서 나와 비슷한 부류였다.

그러나 개인으로서 잘 훈련된 우리 모두는 오늘날 완전한 파괴의 위험에 처해 있는 세상에 직면하고 있다. 그리고 지금 우리는 어떻게 평화를 위해 힘을 모을 수 있을지 의심하기 시작한다! 어떤 종류의 평화가 가능하겠는가? 모두 가운데 자리를 차지하고 싶어 하는 사람들의 초상화를 그릴 수 있는 사람은 누구인가? 오직 탑을 세우는 일에만 관심이 있는 사람들과 함께 아름다운 교회를 세울 수 있는 사람은 누구인가? 촛불만을 꽂고 싶어 하는 사람과 함께 생일 케이크를 만들 수 있는 사람은 누구인가? 우리 모두가 문제를 알고 있다. 모두가 최후의 화평케 하는 자가 되는 영예를 원한다면, 평화는 결코 존재하지 않을 것이다.

아담은 많은 사람들을 필요로 한다. 그러나 어느 누구도 아무것도 자랑할 수가 없다. 아담은 절대로 '치료되지' 않을 것이다. 그의 계속되는 발작으로 보아서는 의학적으로는 상태가 점점 더 악화될 것만 같다. 내세울 만한 성공도 없고, 그를 돕는 모든 사람은 지극히 작은 일만 할 뿐이다. 그의 삶에서 내가 차지하는 부분은 아주아주 적다. 어떤 이들은 그를 위해 요리를 하고, 또 어떤 이들은 빨래를 한다. 또 다른 이들은 안마를 해 주고, 그를 위해 음악을 연주하기도 하며, 그를 산책시키고, 수영을 시키고, 차에 태워 주기도 한다. 그의 혈압을 재고, 정기적으로 약을 먹도록 돌보는 사람도 있고, 그의 치아를 점검하는 사람도 있다.

이런 모든 도움에도 불구하고, 아담은 변하지 않고 때로는 완전히 기진맥진한 상태로 빠져 버리는 것 같다. 그러나 그를 중심으로 평화의 공동체가 나타나고 있다. 이것은 분명 그 빛을 바구니 속에 감추어 두고 싶어 하지는 않는 공동체다. 아담이 형성해 낸 평화의 공동체는 단지 아담만을 위한 것이 아니라 아담에게 속한 모든 이들을 위한 것이기 때문이다. 이것은 바로 하나님이 완전히 연약하고 상처받기 쉬운 모습으로 우리 가운데 내려오셔서, 우리에게 하나님의 영광을 드러내 보이기로 선택하셨음을 선포하는 공동체다.

아담은 내게 서서히 이 세상에 속하지 않은 평안에 대한 무언가를 가르쳐 주고 있다. 그것은 거센 경쟁, 어려운 사고, 개인적인 스타의 지위로 만들어지는 것이 아니라, 단순히 서로 함께 거하며 조화롭게 함께 일하는 것에 근거를 둔 평안이다. 또 우리 모두가 안전하게 붙잡고 있는 하나님의 첫사랑에 대해 말하는 평안이다. 우리를 연약한 사람들과 교제하는 공동체로 불러내는 평안이다. 아담은 지금껏 내게 한마디도 하지 않았다. 그런 일은 결코 일어나지 않을 것이다. 그러나 매일 밤 그를 침대에 누일 때 나는 그에게 "고마워요"라고 말한다. 육신이 되어 우리 가운데 거하시는 말씀과 어떻게 이보다 더 가까워질 수 있겠는가?

나는 당신에게 아담과 아담의 평안에 대해 이야기했다. 그러나 당신은 라르쉬 공동체의 한 사람도 아니고, 데이브레이크에서 살고 있지도 않으며 아담의 가족 구성원도 아니다. 그러나 나처럼 당신도 평안을 추구하고 있고, 당신의 마음에서, 당신의 가족 가운데서, 당신의 세계에서 평안을 찾기를 원한다. 그러나 우리를 둘러싸고 있는 세상을 둘러볼 때, 우리는 포로수용소와 빈민 수용소를 보게 된다. 초만원이 된 감옥, 불타는 마을, 집단 학살 행위, 어린이 유괴, 고문, 그리고 살인을 보게 된다. 굶주리는 아이들, 무시당하는 노인, 먹을 것과 쉴 곳과 일할 곳이 없는 수많은 남녀들을 보게 된다. 길거리에서 자는 사람들, 다른 사람의 쾌락을 위해 자기 자신을 파는 소년 소녀들도 볼 수 있다. 폭력, 강간, 그리고 두려움과 외로움에 둘러싸인 무수한 사람들의 절망도 보게 된다.

이 모든 것을 볼 때, 우리는 우리의 세상에는 평안이 없음을 깨닫게 된다. 그러나 그럼에도 불구하고…우리의 마음이 가장 원하는 바는 바로 그것이다. 당신과 나는 돈을 나누어 주고, 시위운동에 참가하고, 해외 사역 계획을 세우고 그 외 다른 모든 것을 위해 노력했을지도 모른다. 그러나 우리는 나이가 들어가도 우리가 고대했던 평안은 여전히 오지 않고 있다는 사실에 직면한다. 우리 안에 있는 무언가가 냉랭해지고, 비통해지며, 화가 날 위험에 처해 있다. 그리고 우리는 이 모든 것으로부터 물러나 우리 자신을 개인적인 생존이라는, 좀 더 쉬운 역할로 제한시키고 싶은 유혹을 받는다. 그러나 그것은 사탄의 유혹이다.

나는 당신에게 이 어두운 세상을 헤치고 당신을 인도해 줄 작은 빛을 주는 온유한 마음을 가진 조용한 안내자를 소개해 주기 위해, 아담과 그의 평안에 대해 이야기했다. 아담은 어떠한 것도 해결하지 못한다. 그가 받는 모든 도움에도 불구하고, 그는 자신의 전적인 빈곤함을 변화시킬 수 없다. 그는 나이가 들어감에 따라 기력이 점점 더 쇠하고 더 쇠하고 더 쇠하여 간다. 미세한 감염, 침대에서 굴러 떨어지는 불의의 사고, 발작 중에 자기도 모르는 사이에 자기 혀를 삼키는 사고, 그리고 다른 많은 작은 사건들은, 그를 갑자기 우리 곁에서 데려가 버릴지도 모른다. 그가 죽는다면, 아무도 어떤 것에 대해서도 자랑할 수 없을 것이다.

하지만 그가 가져다주는 빛은 얼마나 찬란한가! 그러므로 나는 아담의 이름으로 당신에게 말한다. 평안을 위한 사역을 포기하지 말라. 당신이 추구하는 평안은 이 세상에 속한 것이 아님을 항상 기억하라. 엄청난 전쟁의 소음들, 불행에 대한 극적인 묘사, 인간의 잔인함에 대한 선정적인 표현들 때문에 혼란스러워하지 말라. 신문, 영화, 전쟁 소설은 당신을 꼼짝 못하게 할 수 있을지 모르지만, 평안에 대한 진정한 바람을 일으켜 주지는 못한다. 그것들은 오히려 부끄러움, 죄책감, 무력감을 일으키는 경향이 있다. 그리고 이런 느낌들은 평안의 사역을 시작하는 동기로는 가장 좋지 않은 것들이다.

평안의 왕자에게 눈을 고정시키라. 자신의 신적인 능력에 집착하지 않으신 분, 돌을 떡덩이로 변화시키는 것이나 높은 꼭대기에서 뛰어내리는 것이나 큰 권세로 다스리는 것을 거절하신 그분, "가난한 사람, 온유한 사람, 슬퍼하는 사람, 의에 주리고 목마른 사람은 복이 있다. 자비한 사람, 마음이 깨끗한 사람, 평화를 이루는 사람, 의를 위하여 박해를 받는 사람은 복이 있다"(참고. 마 5:3-11)고 말씀하신 그분, 다리 저는 자, 불구자, 시각 장애인을 어루만지신 그분, 용서와 격려의 말씀을 하시는 그분, 홀로 죽으시고, 거절당하시고, 멸시당하신 그분에게 말이다. 가난한 자와 함께 가난하게 되시고, 약한 자와 함께 약한 자가 되시며, 거절당한 자들과 함께 거절당한 자가 되신 그분께 눈을 고정시키라. 그분 예수님이 모든 평안의 근원이시다.

어디서 그분의 평안이 발견되는가? 그 대답은 놀랍지만 분명하다. 연약함 가운데서다. 이러한 진리를 말하는 사람은 지극히 드물다. 그러나 우리 자신의 연약함 가운데서, 우리가 가장 심한 상처를 느끼고, 가장 불안하고, 가장 심한 고통을 느끼며, 가장 두려움을 느끼는 우리 마음의 그 장소에서, 우리는 평안을 발견한다. 왜 그런가? 바로 그곳에서는 우리가 세상을 통제하고 조정하는 익숙한 방식들이 모조리 제거되기 때문이다. 그리고 거기서는 많은 일을 하고 많은 생각을 하는 것, 우리의 자족에 의지하는 것에서 떠나게 되기 때문이다. 우리가 가장 연약한 자가 되는 바로 그곳에 이 세상에 속하지 않은 평안이 신비스럽게 숨겨져 있다.

나는 아담의 이름으로 당신에게 말한다. 수많은 사람에게 알려지지 않은 채 남아 있는 이 평안을 구하고, 그것을 자신의 것으로 삼으라. 내가 그렇게 말하는 이유는, 당신 마음속에 이 평안이 있다면, 여러분은 새로운 눈으로 보고 새로운 귀로 듣게 될 것이고, 평안을 발견하기를 가장 기대하지 않았던 곳에서 서서히 동일한 평안을 인식하게 될 것이기 때문이다.

얼마 전에 나는 온두라스에 있었다. 데이브레이크에 와서 아담과 친구가 된 이후로 처음으로 중앙아메리카에 간 것이었다. 나는 문득 내가 정치적 조작에 대해 분노를 덜 느끼며, 노골적인 불의에 대해서 덜 혼란스러워하고, 온두라스의 미래가 너무나 암울하다는 인식으로 인한 무력감을 덜 느낌을 깨달았다. 테구시갈파 근처에 있는 라르쉬 공동체에서 극심한 장애를 지니고 있는 라파엘을 방문했을 때, 나는 아담에게서 보았던 것과 동일한 평안을 보았다. 그리고 약한 이들 중에서도 가장 약한 이가 프랑스, 벨기에, 미국, 캐나다 출신의 꽤 심각한 자원봉사자들에게 기쁨의 선물들을 제공했다는 여러 이야기를 들었다. 이 모든 것들로부터 나는 평안이 보통 지혜롭고 부유한 사람들에게는 감추어져 있고, 보잘것없고 알아들을 수 없는 말을 하며 연약한 사람들에게는 드러나 있는 하나님의 선물임을 이전보다 더 분명히 알게 된다.

나는 보스니아, 아이티, 르완다의 평화 문제가 더 이상 중요하지 않다고 말하는 것이 아니다. 결코 그런 말이 아니다. 나는 국내의 그리고 국가적인 평안의 씨앗이 이미 우리 자신의 아픔의 토양과 가난한 이들의 고통 가운데 신비스럽게 뿌려졌다고 말하는 것이다. 그리고 이러한 씨앗들은 복음서에 나오는 겨자씨처럼, 자라서 공중의 많은 새가 깃들일 곳을 찾을 수 있는 큰 숲을 이루어 낼 것이라 진정으로 믿을 수 있다고 확신한다.

눈에 보이는 평안은 없고 모든 것이 우리 자신에게 달려 있는 것처럼 생각하고 살아가는 한, 우리는 자멸하는 길 위에 있는 것이다. 그러나 사랑의 하나님이 이미 우리가 찾고 있는 평안을 주셨다고 믿는다면, 이 평안이 인류의 상한 토양을 뚫고 나오는 것을 보게 될 것이다. 또 우리는 그 씨앗이 빨리 자라 우리 시대의 경제적·정치적 질병들까지 치유하도록 할 수 있을 것이다. 우리는 마음속으로 그렇게 신뢰하며 "평화를 이루는 사람은 복이 있다. 그들은 땅을 차지할 것이다"라는 말씀을 들을 수 있을 것이다. 이 세상에 있는 모든 아담이 이러한 기업을 받을 첫 번째 사람이라는 사실은 나를 특별한 기쁨으로 충만케 한다.

결론

끝을 맺을 때가 되었는데, 어찌 된 일인지 끝을 맺기가 어렵다는 느낌이 든다. 미처 하지 못한 말과 표현하지 못한 감정들, 드러내지 않은 신비들이 많이 있기 때문이다. 그러나 나는 그것들이 아직 감추어져 있다 하더라도 당신이 그것들을 알 것이라 믿는다.

오늘날 많은 사람들이 한밤중에 살고 있다. 몇몇만이 낮 가운데 살고 있다. 우리 모두 낮과 밤, 어둠과 빛에 대해 알고 있다. 우리는 우리 마음속에 있는 그것에 대해 알고 있다. 우리는 우리 가족과 공동체 속에 있는 그것에 대해 알고 있다. 우리는 우리의 세상 속에 있는 그것에 대해 알고 있다. 세상이 주지 못하는 평안은 이러한 어둠을 쫓아버리는 빛이다. 그 평안의 모든 조각이 낮이 오게 만들고 있다.

하시디즘 전통에서 내려온 옛 이야기 하나로 결론을 맺고자 한다. 이 이야기는 내가 말하고자 했던 많은 것을 요약해 준다.

랍비가 제자들에게 물었다. "밤이 끝나고 낮이 시작되는 동이 트는 시간을 어떻게 분별할 수 있겠는가?"

랍비의 제자 중 한 명이 "멀리서부터 개와 양을 구별할 수 있을 때가 아닌지요?"라고 말했다.

"아니다." 랍비의 대답이었다.

"무화과나무와 포도덩굴을 구분할 수 있을 때가 아닌지요?"라고 두 번째 제자가 물었다.

"아니다." 랍비는 말했다.

"그럼, 우리에게 답을 알려 주십시오"라고 제자들이 말했다.

그 현명한 스승은 말했다. "그것은 너희들이 다른 사람의 얼굴을 들여다보고, 너희가 그들을 너희의 형제자매로 인식할 만큼 충분한 빛이 있을 때다. 그때까지는 밤이며, 어둠이 여전히 우리와 함께 있는 것이다."

그 빛을 위해 기도하자. 그것은 세상이 줄 수 없는 평안이다.

기다림의 길

과거 몇 년 동안 내 마음속에 자리 잡고 있었으며, 우리의 삶에 중요하다고 깨닫게 된 것은 기다림의 영성이다! 나는 우리의 영적인 삶과 관련해서 기다림이 의미하는 것이 무엇인지 곰곰이 생각하며 궁금해하고 있다.

    나는 영적인 관점에서의 기다림에 대해 묵상한 결과 두 가지 측면으로 접근할 수 있었다. 즉, 그것은 하나님에 대한 기다림 그리고 하나님의 기다림이다. 우리는 기다리고 있다. 하나님도 기다리고 계신다. 누가복음의 서두 부분은 나에게 하나님에 대한 기다림을 묵상할 수 있는 장면들을 제시한다. 반면에 누가복음 마지막 장들은 하나님의 기다림에 대해 숙고할 수 있는 조망을 제공해 준다. 우리는 예수님의 탄생 기사에서 기다리는 사람 다섯 명을 만나게 된다. 사가랴, 엘리사벳, 마리아, 시므온, 안나가 바로 그들이다. 또한 예수님의 죽음과 부활 기사는 기다리고 계신 하나님을 드러내 보여 준다.

    하나님에 대한 우리의 기다림

기다림이란 우리의 개인적인 삶에서 그다지 크게 인기 있는 태도는 아니다. 우리가 대단히 기쁘고 즐겁게 고대하거나 경험하는 어떤 것도 아니다. 사실 대부분의 사람이 기다림을 시간 낭

비라고 생각한다. 아마도 이는 우리가 살고 있는 곳의 문화가 근본적으로 "계속해! 뭔가 하란 말야! 네가 뭔가 다르다는 것을 보여 줘! 그렇게 앉아서 기다리지만 말고!"라고 말하기 때문일 것이다. 우리에게 그리고 많은 사람들에게 기다림이란, 우리가 현재 있는 곳과 우리가 있고 싶어 하는 곳 사이에 있는 메마른 사막이다. 우리는 그러한 장소를 좋아하지 않는다. 우리는 그것으로부터 벗어나서 가치 있는 뭔가를 하고 싶어 한다.

우리의 독특한 역사적 상황을 생각할 때, 기다림은 한층 더 어려운 것이다. 우리는 두려움이 아주 많은 사람들이기 때문이다. 우리를 둘러싸고 있는 환경 속에 가장 만연한 감정 가운데 하나가 두려움이다. 사람들은 두려워한다. 자신과는 다를 수 있는 타인을 두려워하고, 내면의 감정이나 불편한 감정을 두려워하고, 또한 불투명한 미래를 두려워한다. 두려워하는 사람들인 우리에게는 기다림의 시간이 너무나 힘들다. 왜냐하면 두려움은 우리에게 현재 있는 곳으로부터 벗어나라고 강요하기 때문이다. 우리는 도망갈 수 없다는 것을 깨달으면 아마도 싸우게 될 것이다. 우리는 우리의 수많은 파괴적인 행동이, 우리에게 어떤 위험이 닥치리라는 두려움으로부터 기인한다는 사실을 알고 있다.

그리고 우리가 더 넓은 시각을 갖는다면—개인 혹은 한 사람뿐 아니라 모든 공동체와 국가가 해를 당할지도 모른다는 두려움에 사로잡혀 있다는—기다림이 왜 그리 어렵고, 행동하려는 것이 얼마나 큰 유혹인지를 더 분명하게 이해할 수 있다. 이것이 다른 사람들에 대해 '먼저 공격하는' 식으로 접근하게 되는 근본 이유다. 두려움의 세계에 사는 사람은, 두려워하지 않는 사람보다 더 공격적이고, 적대적이며, 파괴적인 반응을 보이기 쉽다. 우리가 더 많이 두려워할수록 기다림은 더 힘겨워진다. 많은 사람들에게 기다림이 그렇게 인기 없는 태도가 된 이유가 바로 이것이다.

그러기에 누가복음 초두에 등장하는 인물 모두가 기다리고 있다는 사실은 내게 인상적이다. 사가랴와 엘리사벳이 기다리고 있다. 마리아도 기다리고 있다. 예수를 데리고 갔을 때 성전에 있었던 시므온과 안나도 기다리고 있다. 복음의 시작 장면 전체가 기다리는 사람들로 가득 차 있다. 그리고 바로 처음부터 이 모든 사람은 이런저런 형태로 "두려워하지 말아라. 내가 너에게 말할 좋은 무언가가 있다"라는 말씀을 듣는다. 이는 사가랴, 엘리사벳, 마리아, 시므온, 안나가 그들에게 일어날 새롭고 좋은 무언가를 기다리고 있음을 가리킨다.

이제 이 인물들에 대해 살펴보고 그들이 기다림의 영성에 대해 우리에게 가르쳐 주는 바를 찾아보자. 이들은 누구이며 그들이 두려워하는 것은 무엇인가? 이들은 하나님의 사랑을 받는 이들일 뿐 아니라 기다리는 이스라엘의 전형이 아닌가?

시편은 이런 기다림으로 가득 차 있다. "…내 영혼이 주님을 기다리며 내가 주님의 말씀만을 바란다. 내 영혼이 주님을 기다림이 파수꾼이 아침을 기다림보다 더 간절하다.…이스라엘아, 주님만을 의지하여라. 주님께만 인자하심이 있고, 속량하시는 큰 능력이 그에게만 있다"(시 130:5-7). "내 영혼이 주님을 기다린다." 이 말은 히브리 성경 전체에서 널리 울려 퍼지는 주제다.

그러나 이스라엘에 살았던 모든 사람이 기다린 것은 아니다. 사실 우리는 선지자들은 적어도 부분적으로는 그 백성이 장차 다가올 것에 주의를 집중하도록 하기 위해 그들을 비판했다고 말할 수 있다. 결국 기다림이란 이스라엘의 남은 자의 자세요, 신실하게 남아 있던 이스라엘의 작은 무리의 자세였다. 선지자 스바냐는 이렇게 말한다. "그러나 내가 이 도성 안에 주의 이름을 의지하는 온순하고 겸손한 사람들을 남길 것이다. 이스라엘에 살아남은 자는 나쁜 일을 하지 않고, 거짓말도 하지 않고, 간사한 혀로 입을 놀리지도 않을 것이다"(습 3:12-13). 기다리고 있는 사람들은 신실한 백성 즉 순결한 남은 자다. 엘리사벳, 사가랴, 마리아, 시므온, 안나가 바로 이런 남은 자의 전형이다. 그들은 계속해서 기다릴 수 있었고, 주의를 기울일 수 있었으며, 기대 가운데 살아갈 수 있었다.

이제 기다림의 본질이 무엇인지, 그리고 기다림의 훈련이란 어떤 것인지를 살펴보기 위해 이 사람들의 삶을 연구해 보도록 하겠다. 그들의 입장이 되어 그들의 기다림이 우리의 기다림과 얼마나 닮았는지 그리고 우리는 어떻게 그들과 함께 기다리도록 부르심을 받았는지 깨닫도록 노력해 보자.

기다림의 본질

복음서의 첫 부분에 나오는 사람들을 통해서 보았듯이, 기다림이란 어떤 약속을 의식하고 기다리는 것이다. "사가랴야,…네 아내 엘리사벳이 너에게 아들을 낳아 줄 것이니." "[마리아야] 보아라, 그대가 잉태하여 아들을 낳을 터이니." "그[시므온]는 주님께서 세우신 그리스도를 보기 전에는 죽지 아니할 것이라는 성령의 지시를 받은 사람이었다"(눅 1:13, 31; 2:26). 기다리고 있던 사람들은 그들에게 용기를 주어 그들로 하여금 기다리게 만들었던 약속을 받았다. 그들은 이제 막 자라나기 시작한 씨앗처럼 그들 속에서 역사하는 무엇인가를 받았다.

   이 사실은 우리에게 매우 중요하다. 우리를 위해 이미 시작된 일을 기다리고 있을 때에만 우리 역시 기다릴 수 있기 때문이다. 기다림은 결코 무에서 유로의 움직임이 아니다. 그것은 항상 어떤 것에서 그 이상의 것으로 나아가는 움직임이다. 사가랴, 엘리사벳, 마리아, 시므온, 안나는 약속을 품고 살고 있었다. 그들을 자라게 하고, 그들에게 양분을 공급하여 주며, 그들이 있는 그곳에서 머물 수 있게 한 것은 바로 약속이었다. 그들의 기다림에 의해 그 약속은 그들 안에서 그리고 그들을 통해서 서서히 드러나며 실현될 수 있었다.

둘째로 그들의 기다림은 능동적이다. 우리들 대부분은 기다림이란 아주 수동적인 것이며, 우리가 어찌할 수 없는 사건들에 의해 주어진 희망 없는 상태라고 여긴다. 버스가 늦게 오는가? 당신은 그것에 대해 아무것도 할 수 없다. 결국 거기에 앉아서 그냥 기다려야 한다. 누군가가 "그냥 기다려"라고 말할 때 사람들이 느끼는 짜증은 이해하기가 어렵지 않다. 이런 말들은 우리를 수동성으로 밀어 넣는다.

그러나 성경 어디에도 이런 수동성은 없다. 기다리고 있는 사람들은 아주 능동적으로 기다리고 있다. 그들은 자기들이 기다리고 있는 것이 그들이 서 있는 그 땅에서 자라나고 있는 것임을 알고 있다. 바로 여기에 기다림에 관한 비밀이 있다. 우리가 씨앗이 땅에 심겼으며 무언가 이미 시작되었다는 확신 가운데 기다린다면, 이것은 우리의 기다리는 방식을 변화시킨다. 능동적인 기다림이란 그 순간까지 온전히 그곳에 거하는 것을 의미한다. 우리가 있는 그곳에서 무언가 일어나고 있으며, 우리는 그곳에 있기를 원한다는 확신을 가진 채로 말이다. 기다리는 사람은 매순간이 바로 그 순간임을 믿으면서 그 순간까지 그곳에 거하는 사람이다.

사가랴, 엘리사벳, 마리아, 시므온, 안나는 그 순간에 그곳에 있었다. 그랬기 때문에 그들은 천사의 음성을 들을 수 있었다. 그들은 그들을 향한 "두려워하지 말아라. 너한테 무슨 일이 일어날 것이다. 깨어 있으라"는 음성에 기민했고, 귀를 기울였다.

기다리는 사람은 인내하는 사람이다. '인내'라는 말은, 우리에게 나타날 어떤 것이 숨겨져 있다는 믿음으로 그 상황 가운데 기꺼이 살며, 그곳에 머무르고자 한다는 의미다. 인내하는 삶이란 현재의 삶을 능동적으로 살며 그곳에서 기다리는 것을 의미한다. 성급한 사람들은 늘 다른 어떤 곳에서 진짜 일이 일어날 것을 기대하며, 따라서 현재의 상황에서 벗어나서 다른 곳으로 가고자 한다. 그들에게 그 순간이란 공허한 것이다. 그러나 인내하는 사람은 감히 그들이 있는 그곳에 머물고자 한다. 그러기에 기다림은 수동적인 것이 아니다. 그것은 내부에서 자라고 있는 무언가의 성장에 양분을 공급하는 것을 뜻한다.

그러나 그 이상의 것이 있다. 기다림은 또한 언제 끝날지 알 수 없다. 언제 끝날지 알 수 없는 기다림은 우리에게 힘겨운 것이다. 우리는 우리가 갖고 싶어 하는 어떤 것, 그러나 가질 수 있을지 없을지도 모르며, 언제 가질 수 있을지도 모르는 것을 기다리는 경향이 있기 때문이다. 그것은 구체적인 것이 아니다. 우리의 기다림 대부분은 소원들로 가득 채워져 있다. "직업을 가졌으면…. 날씨가 더 좋았으면 좋겠는데…. 고통이 사라졌으면…." 우리에게는 소원이 많다. 그리고 우리의 기다림은 그런 소원들과 맞물려 있기 쉽다. 우리는 우리의 미래가 매우 특정한 방향으로 가기를 원한다. 그렇게 되지 않으면, 실망하고 절망으로 빠져들기까지 한다. 내가 바라는 일이 실현되지 않는다면 삶이 어찌 될 것 같은가? 우리가 그러한 힘든 기다림의 시간을 보내는 이유 중 하나는, 우리가 바라는 일들을 일어나게 해서 우리의 소원이 이루어지도록 뭔가를 하고 싶어 하기 때문이다. 여기서 우리의 소원들이 어떻게 우리의 두려움과 연관되는지를 알 수 있다. 그리고 두려움은 우리의 삶에서 끝을 알 수 없는 기다림을 위한 시간을 갖지 못하게 한다. 그렇기 때문에 우리의 수많은 기다림은 끝이 있는 기다림이다. 우리의 기다림은 미래를 통제하는 방식인 것이다.

그러나 사가랴, 엘리사벳, 마리아, 시므온, 안나에게는 소원들(wishes)이 없었다. 그들은 소망(hope)으로 충만해 있었다. 그들의 소망은 아주 다른 어떤 것이다. 그들의 소망이란 어떤 일이 성취될 것이라고 신뢰하는 것이지만, 그 성취는 하나님의 약속에 따라 이루어지는 것이지 단순히 그들의 소원에 따라 이루어지는 것이 아니다. 소망은 항상 끝을 알 수 없는 것이다.

마리아가 천사 가브리엘에게 "나는 주의 여종입니다. 당신(천사님)의 말씀대로 나에게 이루어지기를 바랍니다"(눅 1:38)라고 하면서 진정으로 말하고 있는 바를 상상해 보라. 그녀는 "도무지 무슨 일인지 모르겠습니다. 그러나 좋은 일이 일어날 것이라고 하나님을 신뢰하고 당신을 신뢰하며 믿습니다"라고 말하고 있었다. 그녀가 너무나 깊이 신뢰하고 있었기에 그녀의 기다림은 모든 가능성에 대해 열려 있었다. 그녀는 자신이 주의 깊게 들을 때 앞으로 일어날 일을 신뢰할 수 있으리라 믿었다.

나는 내 삶 가운데서 소원들을 물리치고 소망을 갖고 사는 것이 참으로 중요하다는 것을 발견했다. 나는 내가 때때로 가졌던 어처구니없고 피상적인 소원들을 버리고, 나의 삶이 하나님 보시기에 귀중하며 의미 있다는 것을 신뢰할 때, 정말 새롭고 나 자신의 기대를 넘어서는 무언가가 일어나기 시작한다는 것을 발견하고 있다.

끝을 알 수 없지만 신뢰하며 기다리는 것은, 삶을 향한 아주 혁신적인 자세다. 그것은 우리에게 우리 자신의 상상을 훨씬 넘어서는 어떤 일이 일어날 것이라고 소망하는 것이다. 그것은 미래에 대한 통제를 포기하고 하나님이 우리 삶을 주관하시도록 하는 것이다. 그것은 하나님이 우리를 우리의 두려움의 근원으로부터 옮기셔서 사랑으로 우리를 빚으시며 우리를 부드럽게 감싸 안으시리라는 확신 가운데 사는 것이다.

우리의 영적인 삶이란 능동적으로 그 순간에 거하면서 기다리는 삶이다. 우리의 상상이나 예견을 훨씬 뛰어넘은 새로운 일이 우리에게 일어나리라 기대하면서 말이다. 이것이야말로 통제하는 일에 정신이 팔린 세상 속에서, 진정 삶에 대해 가질 수 있는 매우 혁신적인 자세다.

기다림의 훈련

우리는 어떻게 기다리는가? 가족과 친구들과 함께 기다리는 것은 홀로 기다리는 것보다 훨씬 낫다. 함께 기다리는 것은 좀 더 인간적이고 좀 더 신적인 것이다. 성경에서 가장 아름다운 구절 가운데 하나는 이렇게 시작한다. "그 무렵에, 마리아가 일어나, 서둘러 유대 산골에 있는 한 동네로 가서, 사가랴의 집에 들어가, 엘리사벳에게 문안하였다"(눅 1:39-56). 이것은 마리아가 아들을 잉태할 것이라는 약속을 받은 직후 엘리사벳을 방문한 이야기다. 마리아가 약속의 말씀을 받았을 때 무슨 일이 일어났는가? 그녀는 엘리사벳에게로 갔다. 마리아에게뿐 아니라 엘리사벳에게도 어떤 일이 일어났다. 그런데 그들은 이 시기를 어떻게 견디어 낼 수 있었을까?

이 두 여인의 만남은 내게 아주 감동적이었다. 엘리사벳과 마리아는 함께 거하면서 서로 기다릴 수 있게 해 주었기 때문이다. 마리아의 방문으로 인해 엘리사벳은 그녀가 무엇을 기다리고 있는지를 깨닫게 되었다. 마리아가 방문하였을 때 그 아이가 태중에서 기쁨으로 뛰놀았던 것이다. 마리아는 엘리사벳의 기다림을 확인해 주었다. 그러자 그때 엘리사벳은 마리아에게 "주님께서 하신 말씀이 이루어질 줄 믿은 여자는 행복합니다"(눅 1:45)라고 말했고, 마리아는 "내 영혼이 주님을 찬양하며"(눅 1:46)라고 화답했다. 그녀는 기뻐 어쩔 줄 몰랐다. 이 두 여인은 서로 함께함으로써 서로에게 기다릴 공간을 만들어 주었다. 그들은 서로에게 기다릴 만한 가치가 있는 일이 일어날 것이라고 확인해 주었다.

여기서 우리는 기독교 가정과 기독교 공동체의 모델을 보게 된다. 가정과 공동체란, 이미 우리 안에서 시작된 일을 소리 높여 지지하고, 축하하고, 확인해 주는 곳이다. 마리아와 엘리사벳의 만남은, 우리 가운데서 일어나고 있는 일을 확인해 주며, 공동체를 형성하는 것, 함께하는 것, 약속을 근거로 모이는 것이 과연 어떤 것인지를 알려 주는, 성경에서 가장 아름다운 표현 가운데 하나다.

이것이 바로 기도가 의미하는 바다. 기도란 약속 주변으로 함께 모이는 것이다. 축하가 의미하는 바도 바로 이것이다. 그것은, 이미 그곳에 있는 것을 소리 높여 기뻐하는 것이다. 성찬식이 의미하는 바가 이것이다. 그것은 심긴 씨앗에 대해 "감사해요"라고 말하는 것이다. 그것은 "우리는 주님을 기다리고 있습니다. 이미 오신 그분을!"이라고 말하는 것이다.

가정의 온전한 의미는 서로 우리가 이미 본 것을 기다리도록 돕고 기다릴 수 있는 공간을 마련해 주는 데 있다. 기독교 공동체란 우리 가운데서 소망의 불꽃이 살아 있도록 하고, 그 불꽃이 자라서 우리 안에서 더욱 강해질 수 있도록 그것을 소중하게 여기는 장소다. 우리는 그런 식으로 용기를 가지고 살아갈 수 있다. 우리가 함께할 때 우리 안에 끊임없는 절망의 유혹에 굴복하지 않고 이 세상에서 살아가게 하는 영적 능력이 있음을 확신하면서 말이다. 그렇기 때문에 우리를 둘러싸고 있는 모든 증오를 볼 때조차도 하나님은 사랑의 하나님이라 말할 수 있다. 또한 우리를 둘러싸고 있는 모든 죽음과 파괴와 고통을 볼 때조차도 하나님은 생명의 하나님이라 주장할 수 있다. 우리는 함께 그렇게 말한다. 우리는 서로에게 그 사실을 확인해 준다. 함께 기다리는 것, 이미 시작된 일에 영양분을 공급하는 것, 그것의 완성을 기대하는 것, 이것이 결혼, 우정, 공동체, 그리스도인의 삶의 의미다.

우리의 기다림은 항상 그러한 신비한 방식으로 우리에게 다가오시는 하나님의 말씀에 대해 깨어 있음으로 이루어진다. 그것은 누군가가 우리에게 알려 주고 싶어 하는 지식 가운데서 기다리는 것이다. 그렇다면 문제는, 우리가 집에 거하고 있느냐다. 우리는 과연 초인종 소리에 달려 나갈 준비를 갖춘 채 우리 집에 머물러 있는가? 우리는 서로 영적인 가정에 머무르도록 함께 기다려야 한다. 그래야 말씀이 오실 때 말씀이 우리 안에서 육신이 될 수 있다. 하나님의 말씀이 항상 모여 있는 사람들 가운데 임하는 것도 이 때문이다. 말씀이 육신이 되어 우리 가운데서 온전한 새 생명을 갖게 하기 위해 우리는 말씀을 읽는다.

유대인 저술가 시몬 베유(Simone Weil)는 "기대감을 갖고 인내하며 기다리는 것이 영적 삶의 기초다"라고 말했다. 예수님은 세상 끝날에 대해 말씀하시면서 기다림의 중요성에 대해 정확하게 말씀하셨다. 예수님은 나라가 나라를 대적하여 싸우고, 전쟁과 지진과 재난이 있을 것이라고 말씀하셨다. 사람들은 고통을 겪을 것이며 "그리스도가 저기 있다! 아니다, 여기 있다"고 할 것이다. 많은 사람이 혼란스러워할 것이고, 많은 사람이 속임을 당할 것이다. 그러나 예수님은 말씀하신다. 너희는 준비해야 하며, 깨어 기다려야 하며, 하나님의 말씀에 집중한 채 머물러 있어야 한다고. 그래야 앞으로 닥칠 모든 일 가운데서 살아남을 수 있고, 공동체 가운데 함께하시는 하나님의 임재 안에 확신을 가지고(con-fide) 있을 수 있다고 말씀하신다(참고. 마 24장). 이것이 우리로 너무나 혼란스러운 세상 속에서 살아갈 수 있는 사람, 영적으로 살아남을 수 있는 사람이 되게 하는 기다림의 태도다.

우리에 대한 하나님의 기다림

그러나 기다림이란 하나님을 기다렸던 사가랴, 엘리사벳과 마리아 그리고 시므온과 안나의 기다림처럼 언제나 능동적인 것만은 아니다. 예수님의 수난과 부활 사건을 통해 우리는 기다리시는 하나님을 만나게 된다. 이것 또한 우리의 영적인 삶에 깊이 영향을 미치는 기다림의 두 번째 측면이다. 예수님의 삶의 마지막 부분은 또 다른 유형의 기다림을 제공해 주는데, 바로 기다리시는 하나님을 드러내 준다. 우선 짤막한 이야기로 시작해 보자.

중병에 걸린 친구의 초대를 받은 적이 있었다. 그 친구는 아주 활동적이고, 유능하고, 신실하고, 창조적인 삶을 살았던 53세의 남자였다. 사실 그는 많은 사람들, 특히 가난한 사람들을 잘 보살펴 준 사회 운동가였다. 그런데 50세가 되었을 때 자기가 암에 걸렸다는 사실을 알게 되었다. 그 후 3년 동안 그는 점차 무력한 사람이 되어 갔다.

그에게 갔을 때, 그는 내게 이렇게 말했다. "헨리, 나 지금 여기 침대에 누워 있네. 내가 아픈 것에 대해 어떻게 생각해야 할지조차 모르겠네. 내가 나 자신에 대해 어떤 식으로 생각해 왔는지 아나? 그건 늘 어떤 행동이나 사람들을 위해 무슨 일이든 하는 것과 관련되어 있었네. 내 삶이 가치 있는 이유는, 많은 사람들을 위해 많은 것을 할 수 있었기 때문이야. 그런데 갑자기 나는 여기서 수동적인 사람이 되어, 더 이상 아무것도 할 수가 없네…. 내가 이 상황을 새로운 방식으로 생각하도록 도와주게. 더 이상 아무것도 할 수 없다고 해서 그것으로 인해 절망에 빠지지 않도록 해 주게. 현재 수많은 사람이 스스로 아무 것도 할 수 없는 나를 위해 여러 가지 일을 해 주는 것이 무슨 의미인지 이해할 수 있도록 도와주게."

대화를 하면서 나는 그가 끊임없이 "내가 아직 얼마나 많은 일을 할 수 있을까?"에 대해 생각하고 있음을 깨닫게 되었다. 어쨌든 내 친구는 자기가 하고 있는 행동에 근거해서 자신을 가치 있는 사람이라고 생각하는 법을 배웠던 것이다. 그리고 병을 얻은 지금, 그는 상태가 호전되고 무언가 할 수 있는 상태로 돌아갈 수 있으리라는 데 소망을 두는 것 같았다. 그러나 나는 그런 기대가 가망 없음을 깨달았다. 그는 암에 걸렸고 상태는 점점 더 악화되고 있었기 때문이다. 그는 곧 죽을 것이다. 내 친구의 영혼이 자기가 아직 얼마나 많은 일을 할 수 있을 것인가에 달려 있다면, 나는 그에게 무슨 말을 했어야 할까?

이런 생각을 품고 있는 상황에서, 우리는 함께 영국 작가 밴스톤(V. H. Vanstone)이 쓴 『기다림의 위엄』(*The Stature of Waiting*)이란 책을 읽었다. 벤스톤은 겟세마네 동산에서의 예수님의 고통과 십자가로의 길에 대해 썼다. 나는 이제부터 이 강력한 책에 대해 묘사하고자 한다. 이 책은 행동에서 수난(passion)으로 옮겨 가는 것의 의미를 더 잘 이해하도록 나와 내 친구를 도와주었다.

행동에서 수난으로

예수님이 체포당하시는 이야기에 나오는 핵심 단어는 내가 전에는 전혀 생각하지 못했던 것이었다. 그것은 바로 '넘겨주다'였다. 이것이 겟세마네에서 일어났던 일이다. 예수님은 넘겨지셨다. 어떤 번역은 예수님이 '배반당했다'고 표현했다. 그러나 헬라어 성경은 '넘겨졌다'고 말하고 있다. 유다가 예수님을 넘겨주었다(참고. 막 14:10). 그러나 놀라운 사실은 이와 똑같은 단어가 유다뿐 아니라 하나님에 대해서도 사용되었다는 것이다. 하나님은 우리 모두의 유익을 위해 예수님을 아끼지 않으시고 넘겨주셨다(참고. 롬 8:32).

그러기에 이 '넘겨주다'라는 말은 예수님의 삶에서 중요한 역할을 한다. 사실, 이 넘겨줌을 당하는 드라마는 예수님의 삶을 철저히 둘로 나누어 준다. 예수님의 삶의 첫 번째 부분은 행동으로 가득 차 있다. 예수님은 모든 면에서 주도권을 갖고 계셨다. 그분은 말씀하셨으며, 선포하셨고, 치유하셨으며, 여행도 하셨다. 그러나 예수님은 넘겨지시자마자, 어떤 일에서든 당하는 사람이 되셨다. 그분은 체포되었으며, 대제사장에게 이끌려 갔고, 빌라도 앞으로 끌려갔다. 또 가시관을 씌움 받았으며, 십자가에 못 박혔다. 그분이 제어하지 않은 일들이 그분에게 행해졌다. 다른 사람의 행동을 받아들이는 자가 되는 것, 이것이 수난의 의미다.

우리는 예수님이 "다 이루었다"(요 19:30)라고 말씀하실 때, 단순히 "나는 하고 싶었던 모든 일을 다 했다"는 의미로 하신 말씀이 아니었음을 깨닫는 것이 중요하다. 그분의 말씀에는 또한 "내 소명을 완수하기 위해서 나에게 행해져야 하는 일이 내게 행해지도록 허락했다"는 의미가 들어 있다. 예수님은 행동뿐 아니라 수난을 통해서도 자신의 소명을 완수하셨다. 그분은 단순히 아버지가 하라고 보내신 일을 함으로써만이 아니라, 그분에게 행해지도록 허용하신 일들이 이루어지도록 하심으로써 자신의 소명을 완수하셨다.

수난은 기다림과 같은 것이다. 그것은 다른 사람이 일을 하도록 기다리는 것이다. 예수님은 예루살렘에 사는 사람들에게 복음을 선포하시기 위해 그곳으로 가셨다. 그리고 그분은 자신이 그들로 하여금 '내 제자가 될 것이냐, 아니면 나의 사형 집행인이 될 것이냐?' 사이에서 선택을 하게 하실 것이라는 사실을 알고 계셨다. 여기에는 중립 지대가 없다. 예수님은 사람들을 "네" 혹은 "아니요"라고 대답해야만 하는 상황에 두시기 위해 예루살렘으로 가셨다. 이것이 예수님의 수난이라는 위대한 드라마다. 예수님은 사람들이 어떻게 반응할지 기다리셔야 했다. 그들은 어떻게 행동할 것인가? 그분을 배반할 것인가, 아니면 따를 것인가? 어떤 의미에서 그분의 고뇌는 단순히 죽음에 다가감으로 인한 고뇌는 아니었다. 그것은, 또한 통제하지 못하고 기다려야만 하는 데서 오는 고뇌이기도 했다. 그것은 우리 가운데서 어떻게 신적인 존재로 살아갈지를 결정하시기 위해 우리에게 의존하고 계신 그런 하나님의 고뇌였다. 그것은 아주 신비로운 방식으로, 하나님이 어떻게 하나님이 되실지를 우리에게 결정하도록 허용하신 하나님의 고뇌였다. 여기서 우리는 하나님의 성육신 신비를 어렴풋이 보게 된다. 하나님은 우리 가운데서 행동하시기 위해서만이 아니라 우리의 반응을 받아들이는 자가 되기 위해 인간이 되셨다.

모든 행동은 수난으로 끝이 난다. 우리는 넘겨줌을 당할 때 우리에게 어떤 행동이 행해지기를 기다린다. 이것이 사역의 신비요, 사랑의 신비요, 우정의 신비요, 공동체의 신비다. 이것들은 항상 기다림을 수반한다. 그리고 이것이 예수님의 사랑의 신비다. 수난 가운데 계신 예수님은 우리의 반응을 기다리시는 분이다. 바로 그 기다림을 통해서 그분의 사랑과 하나님의 사랑의 강렬함이 우리에게 드러났다. 만약 우리가 강제로 예수님을 사랑하게 되었고 단지 그분의 명령대로 반응한 것이라면, 우리는 진정으로 사랑하는 자일 수 없을 것이다.

예수님의 수난에 대한 이 모든 통찰은 내 친구와의 토론에서 아주 중요한 것이었다. 그분은 많은 고된 사역이 끝난 후 기다려야만 한다는 것을 깨달으셨다. 그분은 행동뿐 아니라 수난 가운데서 인간으로서 자신의 소명이 완수되는 것을 보시기 위해 오셨다. 그리고 우리는 바로 이 기다림 가운데서 새로운 소망, 새로운 평안, 심지어 새로운 기쁨이 점차 나타나는 것을 함께 이해하기 시작했다. 하나님의 영광이 우리에게 드러나고 있었다.

하나님의 영광과 우리의 새 생명

부활은 단순히 죽음 이후의 삶이 아니다. 그것은 무엇보다도 예수님의 수난과 예수님의 기다림에서 피어난 새로운 생명이다. 예수님의 고난 이야기는 수난의 한가운데서도 부활 생명이 드러날 수 있음을 신비로운 방식으로 보여 준다. 유다가 이끌고 온 무리가 겟세마네에 이르렀다. "예수께서는…앞으로 나서서 그들에게 물으셨다. '너희는 누구를 찾느냐?' 그들이 대답하였다. '나사렛 사람 예수요.' 예수께서 그들에게 말씀하셨다.

'내가 그 사람이다.' 예수를 넘겨줄 유다도 그들과 함께 서 있었다. 예수께서 그들에게 '내가 그 사람이다' 하고 말씀하시니, 그들은 뒤로 물러나서 땅에 쓰러졌다. 다시 예수께서 그들에게 물으셨다. '너희는 누구를 찾느냐?' 그들이 대답하였다. '나사렛 사람 예수요.' 예수께서 말씀하셨다. '내가 그 사람이라고 너희에게 이미 말하였다. 너희가 나를 찾거든, 이 사람들은 물러가게 하여라'"(요 18:4-8).

바로 예수님이 수난으로 넘겨지시는 그 순간, 그분은 자신의 영광을 분명하게 보여 주셨다. "누구를 찾느냐?…내가 그 사람이다"라는 말씀은, 저 멀리 거슬러 올라가 떨기나무 불꽃 가운데 서 모세에게 주신 "나는 스스로 있는 나다. 내가 그다"(참고. 출 3:1-14)라는 말씀이 되풀이된 것이다. 이러한 말씀은 하나님의 영광 자체를 분명하게 보여 주었고, 그 자리에 있던 사람들은 땅에 엎드려졌다. 그 후 예수님은 넘겨지셨다. 그러나 우리는 이미 넘겨짐을 당하는 상황 가운데서 자신을 우리에게 넘겨주신 하나님의 영광을 본다. 예수님을 통해 드러난 하나님의 영광은 부활뿐 아니라 수난을 포함하고 있다.

예수님은 말씀하신다. "모세가 광야에서 뱀을 든 것같이, 인자도 들려야 한다. 그것은 그를 믿는 사람마다 영생을 얻게 하려는 것이다"(요 3:14-15). 예수님은 수동적인 희생자로 들리셨고, 따라서 십자가는 황량함의 표시가 되었다. 그리고 그분은 영광 가운데 높이 들리셨고, 따라서 십자가는 동시에 소망의 상징이 되었다. 우리는 예수님이 가장 희생적이 된 그 순간, 예수님의 수난을 통해 하나님의 영광과 하나님의 신성이 넘쳐 남을 깨닫는다. 그러기에 새 생명은 사흘째 되던 날 일어난 부활 사건뿐 아니라, 넘겨짐을 당하는 가운데 곧 수난 가운데서도 이미 가시화된 것이다. 왜 그런가? 하나님의 충만한 사랑이 빛을 발하신 것이 바로 수난을 통해서이기 때문이다. 이것이 기다리는 사랑이요, 통제하려 애쓰지 않는 사랑이다. 우리가 우리에게 행해지는 일들을 온전히 느끼게 된다면, 전에는 미처 알지 못한 새로운 삶을 접할 수 있다. 이것이 내 병든 친구와 내가 줄 곧 나누었던 질문이다. 그가 이 수난 가운데서 새 생명을 맛볼 수 있을까? 그를 위한 병원 직원들의 행동에서 자기가 이미 더 깊은 사랑을 위해 준비되고 있었다는 사실을 알 수 있을까? 이것은 이미 모든 행동 밑바닥에 존재했던 사랑이지만, 그는 그것을 온전히 맛보지 못하고 있었다. 그래서 우리는 함께 우리의 고난과 수난 가운데서, 또한 우리의 기다림 가운데서 이미 부활을 경험하기 시작했음을 알아 가기 시작했다.

오늘날 이 세상에서, 우리가 진정으로 통제할 수 있는 것이 얼마나 되는가? 우리의 삶은 대부분 수동적인 것이 아닌가? 우리 주변의 사람들과 사건들, 문화를 통해 우리에게 행해지는 여러 가지 일들, 그리고 우리의 통제를 벗어나는 수많은 요소

들은, 종종 우리에게 주도권을 줄 여지를 거의 남겨 두지 않는다. 이 사실은 특히 얼마나 많은 사람들이 상처를 받고 있으며, 장애를 가지고 있고, 만성적 질병을 앓고 있으며, 노령이거나 경제적으로 제한된 생활을 하고 있는지를 주목할 때 분명해진다.

우리 사회에는 자신의 실존에 영향을 미치는 결정에 영향력을 행사할 수 없게 되는 사람들이 점점 더 많아지고 있음을 느낀다. 그러므로 우리 존재의 대부분이, 어떤 행동을 받아들인다는 의미에서의 기다림을 포함하고 있음을 인식하는 것이 더욱 더 중요해진다. 예수님의 삶은, 통제하지 못하는 것이 인간의 상황의 한 부분임을 말해 준다. 그분의 소명은 행동뿐 아니라 수난, 기다림을 통해서 완수되었다.

이 메시지가 우리에게 그리고 이 세상에 사는 사람들에게 얼마나 중요한지 생각해 보라. 예수 그리스도 안에 거하시는 하나님이 그분의 사랑에 대한 우리의 반응을 기다리시는 것이 사실이라면, 우리는 삶에서 기다리는 방법에 대한 온전하고 새로운 조망을 발견할 수 있다. 우리는 순종하는 사람이 되는 법을 배울 수 있다. 언제나 행동하는 쪽으로 돌아가려 애쓰지 않고, 오히려 수난과 기다림 가운데서 우리의 가장 깊은 인간성이 실현됨을 인식하는 사람 말이다. 우리가 이렇게 행할 수 있다면, 하나님의 능력과 영광과 우리의 새로운 삶에 접하게 되리라고 확신한다. 다른 사람을 위한 우리의 섬김은, 그들이 행동하는 곳에서뿐 아니라 행동을 받아들이는 상황에서도 영광이 나타남을 바라보도록 도와주는 것을 포함할 것이다. 따라서 기다림의 영성은 단지 우리가 하나님을 기다리는 것만이 아니다. 그것은 또한 우리에 대한 하나님의 기다림에 참여하는 것이며, 그렇게 하여 가장 깊은 사랑, 곧 하나님의 사랑을 함께 나누는 것이다.

삶과 죽음의 길

몇 년 전 나는 교통사고를 당해서 결국 병원 신세를 지게 되었다. 병원 침대에 누워 있는 것은 아주 불편했지만, 외상이라 할 수 있는 것이 없었기 때문에 나는 바로 병원을 떠나 집으로 돌아갈 수 있으리라 생각했다. 그러나 나를 진찰한 의사는 친절하지만 분명하게 말했다. "오래 살지 못하실지도 모릅니다. 심한 내부 출혈이 있습니다. 수술은 해 보겠지만 성공하지 못할 수도 있습니다."

갑자기 모든 것이 달라졌다. 죽음이 바로 나와 함께 그 방에 있었다. 나는 그때가 나의 죽음의 순간이 될 수도 있음을 알았다. 충격적이었다. 그리고 뒤이은 경험을 하기까지는 머릿속으로 많은 생각이 오고갔다. 그런 느낌은 이전에는 한 번도 가져 본 적이 없었다. 혼란과 충격의 와중에서도 나는 아주 평온했고, 아주 '평안'했으며 '하나님의 품 안에' 있는 것 같은 느낌이었다. 하나님은 나를 안심시키시며 "두려워 말라. 너는 안전하다. 내가 너를 본향으로 이끌어 주리라. 너는 내게 속했고, 나는 네게 속했다"고 부드럽게 말씀하셨다.

그다음부터 나는 놀라울 정도로 너무나 평안했기 때문에, 그날 저녁 수술 이후 중환자실에서 깨어났을 때의 실망감은 너

• 이 글의 출처는 대부분 다음 두 가지로서, 1995년 7월 시카고에서 열린 제8차 국제 가톨릭 에이즈 집회에서 발표된 문서 그리고 「크로스포인트」지와의 인터뷰(1995년 가을) 내용이다.

무나 컸다. 나는 스스로에게 물었다. "내가 여기서 뭘 하고 있는가? 왜 내가 여전히 살아 있을까?" 나는 내게 일어난 일에 대해 계속 의아해했다. 그러다 서서히 아마도 생애 최초로 두려움의 눈이 아닌 사랑의 눈으로 내 죽음에 대해 묵상했음을 깨달았다. 비록 잠시 동안이었지만 어쨌든 나는 하나님을 인식했고, 무조건적인 사랑을 느꼈으며, 사랑하는 자가 되는 것을 경험했다.

나는 회복되는 동안 내가 경험한 모든 것을 깊이 생각하면서 내 생애에 미처 마치지 못한 과업이 있음을 알게 되었다. 나는 과거의 어떤 특별한 상처에 연연하고 있었다. 누군가를 용서하지 못했고, 내가 상처를 준 사람들에게 용서를 구하지도 못했다. 또한 죽음이 나와는 개인적으로 멀리 떨어져 있는 것처럼 나의 죽음이라는 인간적인 실재를 외면한 채 살아가고 있음을 알았다. 나는 이런 성찰에 깊은 감동을 받았고, 내 삶을 좀 더 풍요롭게 하고 죽음을 더 잘 준비하도록 연장된 시간의 선물을 받았음을 느꼈다. 나는 내 경험이 이 세상에서 살아가는 방식을 영원히 변화시켰음을 마음속 깊이 확신했다.

나는 지금 63세다. 나이를 먹고 있고, 노인이 되고 있다. 나 자신이 노년이 되어 감을 경험한다는 것 그리고 다른 사람들이 나를 그런 식으로 대한다는 것이 나는 이상하다. 나는 20년, 혹은 10년, 혹은 5년 정도만 더 살 수 있을지 모른다. 아무리 많은 시간이라고 해도 그것은 짧은 시간이다. 내 나이에 나머지 20년은 금방 지나갈 것이다. 내 동창생들과 가족 중 많은 이들이 이미 죽었고, 나는 그런 죽음들을 통해 나도 죽을 수밖에 없는 존재임을 깊이 생각하게 된다. 나는 '사고 경험' 때문에 그리고 내가 늙어 가고 있기 때문에, 내 인생의 경이로움과 아름다움 그리고 그 인생이 지극히 제한적임을 더 철저히 깨닫는다. 또한 특히 나 자신의 죽음의 실재 그리고 그 임박한 사건 앞에서 내 인생의 위대한 신비와 씨름해야겠다는 생각이 생겨났다.

죽음에 대해 말하는 사람이 너무나 없기 때문에, 나는 "죽음이 모든 이에게 이슈인가?"라는 질문으로 시작했다. 내 친구들 대부분에게는 그렇지 않음을 나는 안다. 내가 아는 이들은 죽음에 대한 생각이나 죽음 이후의 삶의 열매에 대한 생각을 환영하지 않는다. 내 친구들은 다음과 같이 말한다. "내 삶이 점점 쓸모없어져 가고 있음을 알지만, 난 더 오래 살고 싶네." "내 주위에 있는 이들에게 짐이 되고 싶지 않아." 어떤 이들은 다른 사람의 보살핌을 받아야만 한다는 생각을 참을 수 없어 한다. 이것은 나이 들고 병든 많은 사람들에게 커다란 걱정거리다.

또한 죽음을 **좋은** 것이라 생각하는 사람은 정말 거의 없는 것 같다. 그런 사고는 우리 문화에는 없는 것이며, 교회의 가르침에서도 찾아볼 수 없다. 교회가 죽음에 대해 말할 때는 보통 내세에 대해, 천국이나 지옥에 대해, 영생에 대해 이야기한다. 물론 이것도 아주 중요하다. 그러나 그것이 의미하는 바는, 죽음에 대해 생각할 때 우리는 너무나 자주 우리가 어디로 갈 것인가, 우리가 결국 이르게 될 곳은 어디인가, 어쨌든 우리가 고대해야 할 무엇이 있는가를 생각한다는 것이다.

예수님의 시각에서 본 죽음

성경을 읽으며 내가 감사하는 것은, 예수님이 죽음을, 특히 자신의 죽음을, 어떤 한 곳에서 다른 곳으로 이르게 하는 길 이상으로 보셨다는 것이다. 그분은 자신의 죽음을, 장차 그 자체로 열매 맺게 될 것으로 그리고 그분의 제자들에게는 엄청난 유익이 될 것으로 보셨다. 그분에게 죽음은 끝이 아니라 더 위대한 어떤 것에 이르는 통로였다.

예수님은 자신의 죽음을 기다리시면서 제자들에게 동일한 주제에 대해 반복하여 말씀하셨다. "내가 죽는 것이 너희에게 유익이다. 내 죽음이 내 죽음을 넘어서 많은 열매를 맺을 것이기 때문이다. 내가 죽어도 너희를 홀로 내버려두지 않고, 내 영, 성령, 보혜사를 보낼 것이다. 그러면 내 영이 너희에게 내가 누구인지 그리고 내가 너희에게 가르친 것이 무엇인지를 밝히 보여 주실 것이다. 내 영이 너희를 진리 가운데로 인도하고, 너희와 내가 내 죽음 이전에는 불가능했던 관계를 맺게 해 주실 것이다. 내 영이 너희로 공동체를 이루게 하고 강건하게 자라가도록 도울 것이다." 예수님은 자신의 삶의 진정한 열매는 죽음 **이후에야** 성숙될 것임을 아셨다. 그 때문에 그분은 "내가 떠나가는 것이 너희에게 유익이다"라고 말씀하셨다.

이것이 진실이라면, 내가 나 자신의 죽음에 대해 생각할 때 던져야 할 진짜 질문은 다음과 같은 것은 아니다. "나는 죽기 전에 얼마나 많은 것을 성취할 수 있을까?" "내가 다른 사람들에게 짐이 될까?" 이것이 아니다. 참된 질문은 이런 것이다. "내 죽음이 다른 사람들에게 풍성한 열매가 되게 하기 위해서 나는 어떻게 살아야 하는가?" 다시 말해 "어떻게 하면 내가 죽은 후에 내가 사랑하는 이들이 내 삶의 열매를 거두어들일 수 있도록 내 죽음이 그들에게 선물이 될 수 있을까?" 이 질문에 대해서는 먼저 죽음에 대한 예수님의 시각이 내게도 유효한 것임을 기꺼이 인정할 때에만 대답할 수 있다.

예수님은 누구신가?

음성, 그 놀라운 음성이 있었다. "너는 내 사랑하는 아들이라. 내 은총이 네게 머물리라." 이는 요단강에서 들었던 음성이다. 예수님은 그곳에서 이 음성을 들으셨고, 자신이 하나님의 은총이 머무는, 하나님의 사랑받는 존재임을 믿으셨다. 예수님은 사탄과 대면하셨을 때에도 사랑받는 자로서 자신의 삶을 사셨다. 마귀가 그분에게 말했다. "이 돌들로 떡덩이가 되게 하여 먹을 수 있도록 함으로써 네가 사랑받는 자임을 증명해 보여라. 성전에서 뛰어내려 하나님의 천사들이 너를 구하는 장관을 연출함으로써 네가 사랑받는 자임을 증명해 보여라. 그러면 너는 뉴스와 텔레비전에 나오게 될 것이고, 모든 사람이 네가 얼마나 놀라운 존재인지를 알 수 있게 될 것이다. 네가 그 상황을 제어할 수 있는 권능과 영향력이 있음을 보임으로써 네가 사랑받는 자임을 증명해 보여라." 그러나 예수님은 이렇게 대답하셨다. "나는 아무것도 증명할 필요가 없다. 나는 요단강에서 들은 그 음성 때문에 **사랑받는 자다**. 나는 내가 사랑받는 자임을 안다. 나는 '너는 내가 사랑하는 자다. 너는 내가 사랑하는 자다'라는 말씀을 들었다." 예수님은 그 말씀을 믿으셨고 자신이 어떠한 존재인지를 아셨다. 그분은 전 생애를 하나님의 사랑받는 자로서 사셨다. 그분의 영혼은 사랑으로 충만하셨다. 그리고 그분은 자신이 하나님께로 가는 것을 아셨고, 머지않아 그분의 친구들에게 자신의 사랑의 성령을 보내실 것이었기 때문에 만족스럽게 죽으셨다. 그분은 이렇게 말씀하셨다. "내가 떠나는 것이 너희에게 유익하다. 내가 떠나지 않으면, 너희를 온전한 사귐, 온전한 진리, 온전한 관계로 인도할 내 영을 보낼 수 없다." 그분은 자신이 사랑하는 제자들이 바로 그 성령을 통해 더 낫고 행복한 삶을 살 것임을 아셨다.

당신은 누구인가?

이런 시각은 예수님에 대한 것만은 아니다. 이것은 당신과 나에 대한 것이기도 하다. 예수님은 자신의 정체성을 우리와 공유하시기 위해, 우리가 하나님의 사랑받는 자녀임을 말씀하시기 위해 오셨다. 잠시 이 엄청난 신비 속으로 들어가 보자. 예수님처럼 당신도 하나님의 사랑받는 자녀다. 이것은 진리다. 더욱이 당신이 사랑받는 존재가 된 것은 당신이 태어나기 전에 일어난 일이다. 당신은 당신의 아버지, 어머니, 형, 누나, 또는 교회가 당신을 사랑하거나 당신에게 상처를 주기 이전에 이미 사랑받는 자였다. 당신은 영원토록 하나님께 속하였기 때문에 사랑받는 자다.

하나님은 당신이 태어나기 전에 당신을 사랑하셨고, 당신이 죽은 후에도 당신을 사랑하실 것이다. 성경에서 하나님은 "내가 영원한 사랑으로 너희를 사랑한다"고 말씀하신다. 이것은 당신의 정체성에 대한 아주 근본적 진리다. 이는 당신이 그렇게 느끼든 그렇지 않든 당신이 어떤 존재인지를 보여 준다. 당신은 하나님께 영원부터 영원까지 속해 있다. 삶이란 몇 해 동안 "저 역시 주님을 사랑합니다"라고 말할 수 있도록 당신에게 주어진 짧은 기회일 뿐이다.

태어나기 전부터 당신이 사랑받는 존재임을 두려워하지 않고 믿는다면, 당신은 갑자기 당신의 인생이 아주 특별한 것임을 깨닫게 될 것이다. 당신은 짧은 시간, 20년, 40년 혹은 80년 동안 당신이 하나님의 사랑받는 자녀임을 발견하고 믿기 위해 이곳에 보냄받았음을 의식하게 될 것이다. 시간의 길이는 중요한 것이 아니다. 당신은 당신 자신이 하나님의 선택받은 자임을 믿기 위해 그리고 그다음으로 당신의 형제자매들 역시 서로에게 속한 하나님의 사랑받는 아들딸임을 알도록 돕기 위해 이 세상에 보냄받았다. 당신은 화해의 백성이 되기 위해 이 세상에 보냄받았다. 당신은 당신과 이웃들 사이에 놓인 장벽-지역적으로, 국가적으로, 세계적으로-을 허물기 위해, 또한 치유하기 위해 보냄받았다. 두려움에 기초해서 세워진 모든 구분, 분리 그리고 장벽이 있기 전에 하나님의 마음과 가슴에는 하나

됨이 있었다. 당신은 그 하나됨으로부터 잠시 동안 이 세상으로 보냄받았다. 당신과 다른 모든 사람이 영원부터 영원까지 살아 계신 동일 한 사랑의 하나님께 속했음을 선포하기 위해서 말이다.

이 세상에서는 당신이 선택받을 때 다른 누군가는 선택받지 못한다는 것을 당신은 알고 있다. 당신이 최고일 때 누군가는 최고가 아님을 안다. 당신이 이겨서 상을 받을 때 누군가는 패배했음을 알고 있다. 그러나 하나님의 마음에서는 그렇지 않다. 당신이 하나님의 마음에서 선택받았다면, 당신에게는 다른 사람들도 선택받았음을 바라보는 눈이 있다. 사랑의 하나님이 당신에게 복을 주신다면, 당신에게는 다른 사람들도 복 받은 이들임을 보는 눈이 있다. 하나님의 놀라운 사랑의 신비는, 당신이 그 사랑을 가지고 이 세상으로 들어온다는 것이며, 당신이 그것을 알건 모르건 그 사랑이 당신에게 복을 준다는 것이다. 당신의 인생은 인류 가족 전체를 품으시는 하나님의 품속에 있다. 그러므로 믿음의 눈으로 바라보면, 당신이 거룩한 가족에 속해 있음을 발견하게 될 것이다. 당신은 아들 혹은 딸이다. 당신은 형제 혹은 자매다. 또한 가장 깊은 영적인 면에서 아버지거나 어머니다. 우리의 작은 인생에는 이 모든 것들이 포함되어 있다.

당신은 어디로 가고 있는가?

다볼산에서의 예수님의 이야기를 생각해 보자. 여기 출애굽의 지도자 모세가 있다. 또 출애굽을 상기시킨 엘리야가 있다. 둘 다 오래전에 죽었으며, 예수님과 함께 예수님이 이 세상을 떠나는 것, 곧 예수님의 출애굽에 대해 함께 이야기를 나누고 있다. 그리고 그분 곁에는 살아 있는 그분의 제자 베드로, 야고보, 요한이 주로 듣는 입장으로 거기 있다. 그리고 자신의 죽음에 대해 말씀하시는 예수님이 계시다. 이 이야기는 홍해 이야기와 비슷하다. 여행에 대한, 어떤 통로에 대한, 출애굽에 대한, 세례에 대한 것이기 때문이다. "나는 세례를 받아야 하고, 그 길은 죽음으로 향하는 길이다. 너희가 나를 따른다면 이 또한 너희의 길이 될 것이다"라고 예수님이 말씀하셨다.

당신과 나에게 주어진 가장 근본적인 요구 중 하나는 우리 삶이 어딘가를 향한 일련의 움직임 혹은 이동임을 발견하라는 것이다. 태어날 때 우리는, 가족이라는 좀 더 크고 좀 더 밝은 세상을 향해서 어머니의 자궁을 떠난다. 그것은 모든 것을 변화시키며, 결코 되돌릴 수 없다. 그 후 학교에 갈 때는 가정과 가족을 떠나 더 큰 공동체를 향해 간다. 거기서 우리의 삶은 계속해서 확장되고 더욱 광대해진다. 그 후 우리의 아이들이 자라 우리가 제공할 수 있는 것보다 더 많은 공간과 자유를 향해 우리를 떠날 때, 우리 삶은 의미 없어 보일 수도 있다. 모든 것이 계속 변한다. 나이가 들면 은퇴하거나 실직하며, 다시 모든 것이 변한다. 우리는 마치 항상 어떤 한 단계에서 다음 단계로 넘어가고 있는 것처럼 보인다. 그러면서 그 와중에 누군가와 어떤 장소와 어떤 것을 얻거나 잃는다.

 당신은 원한과 분노와 비굴감으로 인해 파괴되도록 유혹받는 환경 가운데서 이 모든 여정을 살아간다. 그런 상실들로 인해 당신은 모든 것이 완벽하지는 않으며 일이 항상 기대했던 대로 일어나는 것은 아니라는 사실을 계속 기억하게 된다. 아마도 그렇게 고통스러우리라 생각지 않았던 일들이 실제로는 고통스럽다. 혹은 어떤 관계들로부터 뭔가를 기대했지만 실제로는 그 일이 이루어지지 않는다. 당신은 당신의 건강, 당신의 연인, 당신의 직업, 당신의 소망, 당신의 꿈 가운데서 경험한 결코 되돌릴 수 없는 개인적인 상실들에 환멸을 느낀다. 당신의 삶 전체가 상실, 끝없는 상실로 가득 차 있다. 그리고 상실이 생겨날 때마다 선택에 직면하게 된다. 당신은 자신이 경험한 상실을 분노, 비난, 미움, 낙심, 원한의 통로로 여기며 살아가기로 선택할 수도 있고, 이런 상실을 새로운 어떤 것, 더 넓고, 더 깊은 무언가를 향한 통로로 여기기로 선택할 수도 있다. 문제는 어떻게 하면 상실을 피해서 그러한 일이 일어나지 않게 하느냐가 아니라, 어떻게 하면 그것을 어떤 통로로, 더 위대한 삶과 자유를 향한 출애굽으로 볼 수 있느냐는 것이다.

예수님은 다볼산에서 자신이 마지막 여정을 어떻게 준비하고 계신지에 대해 말씀하신다. 그분은 혼자가 아니다. 그분은 모세와 엘리야와 함께 계시며, 또 요한, 베드로, 야고보와 함께 계시다. 예수님은 산에서 내려오자마자 인자가 어떻게 고난을 받고 죽어야 하는지에 대해 말씀하기 시작하신다. 사도들은 "아닙니다. 당신께 그런 일은 일어나지 않을 겁니다"라고 말한다. 그러나 그분은 산꼭대기에서 삶으로 충만한 자신을 보는 것이 이야기의 전부가 아님을 상기시키신다. 그들은 또한 그분의 수난과 십자가상에서 생명을 빼앗기신 그분을 보게 될 것이다. 그분은 그들이 자신의 마지막 여정을 알도록 그들을 초청하신다. 그들이 결국 그 모든 것의 놀라운 신비를 이해하리라 믿으시면서 말이다. 그분은 그것이 삶과 죽음에 대해 전체적으로 새로운 시각을 가져다주리라 믿으신다. 그것은 통제할 수는 없고 그저 살아 낼 수 있는 것이다. 그들이 그것을 거의 이해할 수 없다 할지라도 그분은 "두려워하지 말라"는 말씀으로 그들을 안심시키신다.

그리고 그분이 십자가에서 죽으신 후 사도들은 예수님이 보내신 성령으로 충만해서 예수님을 잃었음에도 불구하고 살아남았고, 그들의 삶은 점점 밖을 향해, 앞을 향해 나아갔다. 그들은 담대하게 일어서서 주변 모든 나라에 복음을 선포했다.

그들은 자신이 어떤 존재이며 궁극적으로 어디로 가고 있는지를 알았기 때문이다. 그들은 예수님의 제자이자 사도로서 새로운 자유를 발견했고, 박해와 죽음을 두려워하지 않았다.

그렇다면 그들의 이야기는 우리에게 어떻게 다가오는가? 우리는 어디로 가고 있는가? 너무나 짧았던 이 땅의 삶이 마감하면 우리 각자에게는 이 세상을 떠나 다음 세상으로 가는 때가 온다. 우리는 하나님의 사랑받는 자녀로 이 세상에 보냄받았다. 그리고 우리는 우리의 인생 여정과 상실 가운데서 서로를 배우자요, 부모요, 형제요, 자매로 사랑하는 법을 배운다. 우리는 인생의 여로를 통과하면서 서로를 지지하고 함께 사랑 가운데서 자라간다. 결국 우리는 출애굽되도록 부름받았으며 하나님과의 온전한 사귐을 위해 이 세상을 떠난다. 예수님처럼 우리도 우리 친구들에게서 떠날 때 그들에게 우리의 사랑의 영을 보낼 수 있다. 우리의 영, 곧 우리가 남기고 떠나는 사랑은 하나님의 성령 안에 들어 있다. 그것은 우리가 사랑하는 사람들을 위한 가장 큰 선물이다.

우리도 예수님처럼 우리의 떠남을 통해 우리 삶이 풍성하게 열매 맺도록 살아간다. 우리는 떠날 때 예수님이 하셨던 그 말씀을 할 것이다. "내가 떠나는 것이 너희에게 유익하다. 내가 떠나지 않으면 너희를 돕고 너희에게 영감을 줄 내 영을 너희에게 보낼 수 없기 때문이다."

열매 맺음의 의미는 무엇인가?

관계는 하나의 신비다. 이미 죽었지만 사랑했던 사람들과 친밀한 관계를 갖는 것도 가능하다. 때로는 죽음이 친밀함을 더 깊게 한다. 예를 들어 보자. 당신과 당신의 아버지, 어머니가 식탁에서 이야기를 나누고 있다. 그것은 아마 아주 일상적인 일일 것이고, 당신은 그날에 있었던 사건이나 날씨에 대해 이야기할 것이다. 그러나 당신이 잠시 집을 떠나 외국으로 여행을 가서 부모님께 편지를 쓰게 되었다면, 식탁에서는 한 번도 해 보지 못했던 말들을 편지에서는 가끔 하게 될 것이다. 당신은 이렇게 말할지도 모른다. "엄마, 정말 사랑해요. 아빠, 아빠 생각을 하니 너무 보고 싶어요. 아빠도 여기 계셨으면 좋겠어요." 이것은 당신이 가족과 같이 있을 때는 사용하지 않는 친밀한 표현들의 일부다. 잠시 자리를 비우는 것, 잠시 멀리 떠나 있는 것이, 육체적으로 함께 있을 때는 느낄 수 없던 관계에서의 친밀함을 경험하게 해 준다는 것은 흥미로운 일이다.

물론 죽음은 여행을 떠나는 것보다는 훨씬 극단적인 떠남이다. 그럼에도 불구하고 어떤 사람은 떠난 이후 우리 마음속에서 기억을 통해 계속해서 우리에게 아주 중요한 존재가 될 수 있다고 나는 믿는다. 그들을 기억한다는 것은 단순히 그들을 생각하는 것을 훨씬 뛰어넘는 일이다. 그것은 그들을 우리 구성원 중 하나로, 우리의 전 존재의 일부로 삼는 것이기 때문이다.

나는 이런 경험을 알기에 이곳에서뿐 아니라 내 짧고 보잘것없는 삶을 넘어서도 사람들에게 줄 수 있는 사랑을 가졌다는 깊은 확신을 가지고 산다. 나는 태어나기 전부터 하나님의 사랑을 받았으며 죽은 이후에도 하나님의 사랑을 받을 인간이다. 이 짧은 일생은 내가 사랑을 받고, 사랑을 깊게 하고, 사랑 가운데 자라나고, 사랑을 줄 수 있는 기회다. 내가 죽을 때도 사랑은 계속 존재할 것이며, 나는 하나님과의 온전한 사귐을 통해 내가 남겨 두고 온 사람들에게 사랑을 줌으로써 현존하게 된다.

우리는 성공과 생산성이라는 척도로 사람의 가치를 평가하는 문화에서 살고 있다. 당신의 직함은 무엇인가? 당신의 수입은 얼마나 되는가? 친구는 몇 명이나 되는가? 당신이 성취한 것은 무엇인가? 얼마나 바쁜가? 당신의 자녀들은 무슨 일을 하는가? 그러나 나이가 들어감에 따라 이런 식으로 성공할 수 있는 능력은 점점 없어진다는 사실을 기억하는 것이 중요하다. 우리는 우리가 가진 직함, 친구, 업적 그리고 여러 가지 일을 할 수 있는 능력을 잃는다. 더 약하고 더 연약하고 더 의존적이 되었음을 느끼기 시작할 것이기 때문이다. 우리가 계속해서 우리 자신을 성공이라는 관점에서 본다면, 우리의 조건은 그리 좋지 못하다. 우리 문화가 주는 강력한 시각 때문에, 연약함을 부정적인 것이 아니라 긍정적인 것으로 보는 것은 커다란 도전이다. 우리가 감히 우리의 약함을 열매 맺을 기회로 볼 수 있는가? 영적인 삶에서 풍성한 열매를 맺는다는 것은 사랑에 대한 것이고, 이런 열매 맺음은 성공이나 생산성과는 전혀 다른 것이다.

열매가 항상 연약함의 결과라는 사실은 흥미롭다. 두 사람이 친밀함 가운데서 서로에게 연약해질 때 아이가 잉태된다. 사람들이 서로에 대해 아주 정직하고 긍휼히 여길 때 그리고 서로의 실수와 약함에 대해 마음을 열고 연약해질 때 평화와 화해를 경험한다. 씨앗은 흙이 잘게 부서진 땅에 떨어져야 많은 열매를 맺는다. 그러므로 아마도 우리 사고의 전환을 시작하는 것이 지혜로울 것이다. 우리는 성공을 위해 경쟁하는 데서 벗어나기를 원하며 열매 맺는 삶을 꿈꾸기 시작한다.

예수님은 십자가에서 죽으실 때 극도로 연약하셨다. 그분에게 남아 있는 것은 아무것도 없었다. 존엄성은 물론, 모든 것을 빼앗기셨다. 당시 문화에서 볼 때 그분은 실패자였다. 그러나 십자가에서 죽음을 당하신 순간은 실로 그분의 인생에서 최고의 순간이었다. 거기서 그분의 인생은 역사상 가장 풍성한 열매를 맺게 되었기 때문이다. 예수님은 자신의 삶과 죽음을 풍성한 열매를 맺는 것으로 보셨다. "내가 떠나는 것이 너희에게 유익이다. 내가 너희에게 나의 성령을 보낼 것이니라."

우리의 약함과 나이 많은 사람들로 하여금 우리를 둘러

싸서 우리를 돌보도록 한다. 우리는 우리의 약함에 대해 저항하지 않고 다른 사람들의 보살핌을 기꺼이 받아들임으로써 공동체를 만들어 내고, 우리를 보살펴 주는 사람들에게는 그들이 가진 긍휼, 보살핌, 사랑, 섬김의 은사를 발휘할 기회를 준다. 우리가 다른 사람들의 수고를 받아들일 때, 그들은 축복을 받고 우리를 보살피는 것으로 인해 풍성해진다. 우리의 약함은 그들의 삶 가운데서 열매를 맺는다.

죽는 것은 우리의 가장 연약한 모습이다. 그러나 우리는 노년의 연약함을 계속되는 상실의 경험으로 바라보는 대신, 그것을 비움을 향한 통로로 볼 수도 있다. 그곳에서는 우리 마음이 흘러넘치는 사랑의 성령으로 충만해진다. 그것은 극도의 연약함이지만 또한 어쩌면 우리가 열매를 맺는 최고의 순간이 될 수도 있다.

죽음에 대한 두려움

죽음에 직면해서 두려움을 느끼는 것은 당연한 일이다. 죽음은 하나의 신비이기 때문이다. 내게도 죽음에 대한 두려움이 자리 잡고 있지만, 나는 할 수만 있다면 두려움의 지배를 받지 않고 나의 죽음에 다가가고 싶다. 성경은 두려움의 반대말이 사랑이라고 말한다. "온전한 사랑은 두려움을 내어 쫓는다." 나는 이 말씀을 믿으며 두려움과 맞서 싸운다. 그리고 내 삶의 능력이 하나님, 다른 사람들 그리고 나 자신을 좀 더 깊이 사랑하는 데 사용되도록 조정한다. 진실로 우리 대부분도 예수님처럼 다른 사람을 위해 우리의 삶과 죽음을 주기로 선택할 수 있다. 우리는 우리의 삶과 죽음을 통해 다른 사람이 복을 받을 수 있도록 살고자 애쓴다. 우리는 삶과 죽음이 숙명이나 운명에 대한 것은 아니라고 믿는다. 그러고 나서 예수님과 함께 이렇게 말한다. "내가 떠나는 것이 너희에게 유익하다." 이러한 삶은 죽음에 대한 두려움을 최소화시킨다.

내게는 아름답게 죽어 간 친구들이 많이 있다. 그들은 이렇게 말했다. "난 이제 죽을 거야. 나는 아름다운 삶을 살았고, 그로 인해 감사하네. 나는 나 자신을 하나님께 드린다네. 그리고 자네가 나를 기억하기를 바라네." 내가 사랑하는 누군가가 그렇게 죽어 갈 때 나는 정말 슬퍼하면서도 축하할 수 있다. 내 친구에 대한 기억이 내게는 은혜의 선물이기 때문이다.

나는 내가 여기서 한 말을 홀로 실천하기는 불가능하다고 믿고 있음을 덧붙여야만 한다. 우리에게는 이것이 진실이라고 믿는 친구들이 필요하다. 우리 공동체에서는 최근 몇 년 사이에 네 명이 죽었다. 헬렌은 오랫동안 병으로 고생했지만 밤낮으로 그녀와 함께하는 누군가가 있었고 죽을 때도 혼자가 아니었다. 로이드는 다소 갑작스러운 죽음을 맞이했지만 우리는 그의 주위에서 며칠을 보낼 수 있었다. 그가 죽었을 때, 그 모든 과정에서 서로 함께함으로부터 나온 힘과 뒤섞인 엄청난 슬픔과 아픔이 있었다. 이 사랑하는 형제가 죽음 가운데서 우리를 그의 주위로 모았을 때 우리는 그를 기억했다. "우리가 당신과 함께합니다. 두려워하지 마십시오. 하나님이 당신을 본향으로 부르고 계시지만, 당신은 언제나 앞으로 계속될 우리 삶의 한 부분이 될 것입니다."

그러므로 죽음에 대한 두려움은 우리가 스스로 잘 다룰 수 있는 그런 것이 아니다. 우리 주변에는 귀에다 대고 다음과 같이 속삭여 주는 사람들이 있어야 한다. "죽음을 두려워하지 마십시오. 당신이 죽을 때조차도 당신은 아주 심오한 방식으로 우리와 함께할 것입니다."

죽은 이를 기억하는 방법 배우기

예수님은 죽기 전에 제자들에게 이렇게 말씀하셨다. "함께 머물라. 기도하며 오실 성령을 기다리라." 그들은 그분이 하고 계신 말씀을 정말 이해하지 못했고, 더욱이 그분의 죽음 때문에 깊은 슬픔에 빠졌다. 그들은 어떤 일이 일어났는지, 누구에게

책임이 있는지 질문해야만 했다. 그들에게는 울부짖는 시간, 지나간 사건들을 돌아볼 시간, 그들의 친구이자 지도자였던 예수님을 그리워할 시간이 필요했다. 그들은 그분의 부재를 느끼고 그분이 돌아오시기를 간절히 바랄 시간이 필요했다. 시간이 지난 후에야 그리고 그들이 마침내 "그분이 정말로 가셨구나"라고 말할 수 있었을 때에야, 그들은 다른 방식으로 그분의 임재를 받아들일 수 있었다.

우리에게도 우리가 사랑하는 누군가가 죽는 순간이 있다. 사람들이 죽음을 진정으로 받아들이도록 돕는 일은 모든 그리스도인의 소명에 속한다. 그것은 단순히 그들을 장사 지내는 것이 아니라, 육체적으로 그들과 함께했던 경험을 죽도록 하는 것, 우리 **안에 있는** 그들을 죽도록 하는 것을 말한다. 슬픔을 통과하는 그 여행은 수년이 걸릴 수 있다! 우리는 그녀를 기다리거나, 그녀를 찾는다. 그가 돌아오기를 바란다. 그녀의 죽음에서 의미를 찾는다. 한 해가 가고 크리스마스가 와도 그는 없다. 부활절이 와도 그녀가 여기 없음을 우리는 안다. 그의 생일, 우리의 결혼기념일 그리고 다른 모든 중요한 기념일들이 다가올 때 우리는 그들이 우리 곁에 없다는 믿을 수 없는 사실을 또다시 느낀다.

우리는 그녀가 여행을 떠났거나 잠시 쉬러 간 것이 아니라는 사실을 서서히 받아들인다. 우리는 뭔가를 듣거나 읽을 때 그것을 그와 나누고 싶어지고, 그러다 문득 그가 돌아오지 않을 것임을 기억한다. 그녀는 영원히, 완전히 떠나 버렸다. 잠시 동안의 시간이 흐른 후 우리는, 예기치 않게 어떤 일로 인해 그를 잃었다는 사실을 다시 상기하게 될 때 우리가 몹시 슬퍼해 왔다는 것과 우리가 갑자기 다시 엄청난 슬픔에 사로잡힌다는 것을 느끼기 시작할 수도 있다. 그것은 우리가 사랑한 사람이 우리 **안에** 있고, 우리 영혼의 일부요, 우리 내면의 삶의 일부가 되어, 그를 떠나보내는 것은 엄청나게 고통스러운 일이기 때문이다. 그래서 우리가 사랑한 누군가를 완전히 죽도록 하는 데는 오랜 시간이 걸리는 것이다.

비록 아주 천천히 진행되더라도 이런 사건들은 하나씩 하나씩 지나가고, 우리는 그 관계가 우리가 알고 있듯이 영원히 사라졌음을 받아들이고 인식하기 시작한다. 그리고 우리가 죽은 이를 우리 삶에서 떠나보낼 때 그들은 우리 안에, 우리의 기억 속에 다른 새로운 삶을 시작한다. 우리는 계속해서 그들을 그리워하지만, 어쨌든 육체적으로 그들이 우리와 함께 거하지 않는 삶을 살기로 선택했고, 그래서 새로운 비전, 새로운 능력, 새로운 힘으로 되살아난다.

1978년 어머니가 돌아가셨을 때 나는 아버지에게서 이런 변화를 목격했다. 아버지는 어머니를 잃은 것에 대해 무척 많이 슬퍼하셨다. 두 분은 좋은 친구였고, 오랜 세월 함께 사셨다. 어머니의 죽음은 아버지의 모든 것을 변화시켰고, 아버지는 어머니가 계시지 않는 완전히 새로운 삶에 적응하셔야 했다. 그러나 시간이 흐르자 아버지는 결국, 어머니에 대한 기억은 간직하셨지만 잘못된 방식으로 거기에 매달리지는 않는 새로운 삶을 살기 시작하셨다. 아버지는 자신이 어머니와 함께 아름다운 인생을 사셨고 아름다운 가정을 일구셨음을 인정하셨지만, 어머니를 떠나보내셔야 했다. 그리고 아버지가 그렇게 하시자, 아버지에게 새로운 기쁨, 새로운 자유, 새로운 성숙이 생겨나는 것 같았다.

나는 또한 그들의 슬픔을 떠나보내지 못하는 것 같은 사람도 알고 있다. 그들은 홀아비나 과부로서 새로운 인생을 찾는 것은 신실하지 못한 행동이라는 감정과 죄책감을 갖는 것 같다. 그러나 그것은 잘못된 견이다. 우리 자신의 죽음이든 우리가 사랑하는 사람의 죽음이든 그것은 우리의 최대의 적이 아니다. 예수님은 우리에게 삶과 죽음에 관해 보여 주시기 위해 오셨으며, 자신의 죽음이 실패자로서의 죽음이 아니라 성령을 보내실 기회라고 말씀하셨다. 우리가 예수님께 우리의 눈을 고정하고 있다면, 또한 복음서를 주의 깊게 읽어 본다면 사랑하는 사람의 죽음 이후에 우리에게 새로운 삶이 주어짐을 보게 될 것이다. 물론 그것은 죽음이 멋진 것이고 슬픔이나 아픔이 존재하지 않는다는 의미가 아니다. 죽음 그 자체는 멋진 것이 아니다. 그것은 끔찍한 것이다. 그러나 우리의 죽음과 우리가 알고 사랑한 사람의 죽음을 바라보는 방식은 완전히 바뀔 수 있다. 시간이 걸리는 일이다. 그러나 가능한 일이다.

최근 몇 년 사이에, 나의 어머니도 돌아가셨고, 동창생들도 많이 죽었으며 매우 가까운 친구들 상당수가 죽었다. 나는 그들 각각을 아주 우울한 방식으로 기억하는 것이 아니라, 그들이 진정한 본향에 이르렀다고 생각하며 기억한다. 그러면서 나도 여전히 본향을 향해 가고 있다. 먼저 죽은 이들은 내 속에서 살아 있고, 그들의 모범과 이 땅에서의 그들의 삶에서 나온 풍성한 사랑의 유산은 나를 격려해 준다. 그들의 삶이 내 삶에 감동을 준다. 그들의 삶은 나의 삶에 영향을 준다. 불행하게도 사랑하는 이의 죽음에 대한 영적인 의미를 인식하는 사람은 많지 않다. 우리 문화는 우리에게 슬픔이 다가올 때 마치 의미 있는 일은 아무것도 일어나지 않는 것처럼 대하라고 하기 때문이다.

사랑은 우리의 죽음이나 다른 사람의 죽음을 악몽에서 선물로 바꾸어 준다. 가족이나 공동체의 일부인 우리는 죽은 이들을 우리 구성원의 일부로 삼아 그들의 영의 선물을 받는다. 먼저 죽은 사랑하는 이들은 예배와 기도 중에, 대화에서, 사진으로, 그들의 무덤을 찾아가 보는 것을 통해 기억된다. 삶은 떠나갔지만, 그들을 기억함으로 우리 마음은 부요해진다.

죽음과 친해지는 것

누군가 20대나 30대의 젊은 나이에 죽어 가고 있다면 그들이 산 기간이 너무나 짧아서 그들이 얼마나 특별한 존재인지, 그들의 짧은 삶이 얼마나 많은 열매를 맺는지 파악하기가 힘들다는 것을 나는 직관적으로 느낀다. 때때로 나는 에이즈로 고생하는 친구들에게서 그런 모습을 본다. 그들은 갑자기 죽음이라는 극단적인 최후의 신비에 직면한다. 그래서 슬픔과 분노에 쉽게 압도된다. 나는 그들에게 깊이 공감하며 또한 슬퍼한다. 그들은 자신들의 삶이 얼마나 풍성한 열매를 맺는지를 이해하거나 알아차리지 못하기 때문이다. 나는 이러한 젊은 형제, 자매들이 죽음과 친해지라는 엄청난 도전에 직면해 있음을 깨닫는다.

나는 오래 살았기 때문에, 죽음을 준비할 기회가 있다. 나는 내가 얼마나 오래 살 것인가를 결정하지는 못하지만, **어떻게** 살 지는 결정할 수 있고, 늙어 가는 것에 어떻게 직면할지, 내 출애굽을 어떻게 살아 내야 할지 결정할 수 있다. 누워만 있을 수밖에 없는 상황에서 아무것도 통제할 수 없는 상황이 내게 찾아올 수도 있다. 그러나 나는 내 능력으로 이제 쇠잔해 가는 시간을 살아가는 방식을 결정한다.

나는 몇 년 전의 사고 이후에 그리고 내 죽음에 대해 평안해지는 경험을 한 이후에, 나를 만나러 온 사람들을 환영하고 그들과 함께 시간을 보내는 것에 대해 매우 마음이 열리고 자유로워지는 것을 느꼈다. 다른 사람들의 방문과 관련하여 내게 가장 놀랄 만한 일 가운데 하나는 수많은 사람들이 내게 이렇게 말했다는 것이다. "헨리, 당신은 건강할 때보다 아플 때 훨씬 더 좋은 목사군요. 이제서야 귀 기울이는 시간을 내시는군요. 당신은 이제 뭔가에 몰두해 있지 않으십니다. 한 가지 일에서 다른 일로 정신없이 서두르지도 않으시고 훨씬 마음이 편해지셨습니다. 당신이 지금 하는 말은 아주 도움이 됩니다. 이렇게 찾아온 것이 정말 즐겁군요."

나는 63세가 되어서야 내게는 그것이 단지 몇 년 동안의 시간의 문제임을 분명히 인식하게 되었다. 그러므로 나는 나이를 먹는 것은 더 풍성한 삶으로 가는 여정에 대해 생각하는 시간임을 깨닫는다. 나는 내 삶이 완성을 향해 가고 있다는 데 대해 감사하고 싶고, 내가 사랑하는 모든 사람들에게 내 사랑의 영을 보내게 될 것을 기대하고 싶다. 나는 내 죽음에 대해 우울함이 아니라 열린 마음으로 말할 필요를 느끼며, 내 공동체, 내 가족, 내 친구들을 나의 이생에서의 삶의 끝까지 나와 함께 그 길을 가자고 초대할 필요를 느낀다. 나는 나의 죽음과 친구가 되고 싶다.

결론

하나님은 영이시며 모든 사랑의 근원이시다. 우리의 영적인 여정은, 우리로 하여금 기도, 예배, 영적 독서, 영적 멘토링 중에, 가난한 이들을 긍휼히 여기는 섬김 중에 그리고 좋은 친구들 가운데서 이 살아 계신 사랑의 하나님을 구하고 발견하도록 한다. 우리가 사랑받고 있다는 진리를 주장하자. 또한 우리 마음을 열어 우리에게 쏟아부으시는 하나님의 넘치는 사랑을 받아들이자. 매일의 풍성한 삶은 우리로 하여금 아름답지만 어렵기도 한 인간관계들, 책임들, 통로들 가운데서 그 사랑을 나누도록 한다.

죽음의 씨앗들이 우리 가운데서 일하고 있지만, 사랑은 죽음 보다 강하다. 당신의 죽음이나 나의 죽음은, 하나님의 사랑받는 자녀로서 우리의 정체성을 온전히 실현하며 사랑의 하나님과 온전한 교제를 나누게 되는 우리의 마지막 통로이자 우리의 출애굽이다. 예수님은 우리를 앞서서 그 길을 가셨고, 우리도 일생 동안 동일한 길을 가도록 우리를 초청하신다. 그분은 우리를 부르셔서 "나를 따르라"고 말씀하신다. 그리고 "두려워하지 말라"고 우리를 안심시키신다. 이것이 우리가 믿는 바다.

옮긴이 김명희는 연세대 영어영문학과를 졸업하고 IVP 편집부에서 일했다. 옮긴 책으로는 『영혼을 세우는 관계의 공동체』 『리더는 무엇으로 사는가』 『예수와 함께 걷는 삶』 『일곱 문장으로 읽는 구약』 『자유』 『이는 내 사랑하는 자요』 『영성을 살다』(이상 IVP) 등이 있다.

영성에의 길

초판 발행_ 1996년 11월 25일
개정1판 발행_ 2002년 1월 10일
개정1판 17쇄_ 2020년 3월 20일
개정2판 발행_ 2024년 2월 26일

지은이_ 헨리 나우웬
옮긴이_ 김명희
펴낸이_ 정모세

펴낸곳_ 한국기독학생회출판부
등록번호_ 제2001-000198호(1978.6.1)
주소_ 04031 서울시 마포구 동교로 156-10
대표 전화_ (02)337-2257 팩스_ (02)337-2258
영업 전화_ (02)338-2282 팩스_ 080-915-1515
홈페이지_ http:// www.ivp.co.kr 이메일_ ivp@ivp.co.kr
ISBN 978-89-328-2155-9

ⓒ 한국기독학생회출판부 2024

책값은 뒤표지에 있습니다.
무단 전재와 복제를 금합니다.